Pierre-René Rogue

PRÊTRE DE LA MISSION
DE SAINT - VINCENT DE PAUL

(1758-1796)

par

LÉON BRÉTAUDEAU

prêtre de la même Congrégation

Société Saint-Augustin. — Desclée, De Brouwer et Cie

PARIS
Saint-Sulpice, 30.

LILLE
Rue du Metz, 41.

1908

PIERRE-RENÉ ROGUE

A VANNES

Pierre-René Rogue

PRÊTRE DE LA MISSION

DE SAINT - VINCENT DE PAUL

(1758-1796)

par

LÉON BRÉTAUDEAU

prêtre de la même Congrégation

—♦—

Société Saint-Augustin. — Desclée, De Brouwer et Cie

PARIS	LILLE
Rue Saint-Sulpice, 30.	Rue du Metz, 41.

1908

DÉCLARATION

Pour obéir aux décrets du Pape Urbain VIII du
3 mars 1625 et du 5 juillet 1634, je déclare
n'employer dans cet ouvrage les termes de saint,
martyr et autres semblables, que dans le sens usuel,
ne voulant prévenir en aucune façon le jugement de
la sainte Église, dans l'obéissance de laquelle je veux
vivre et mourir.

L. B.

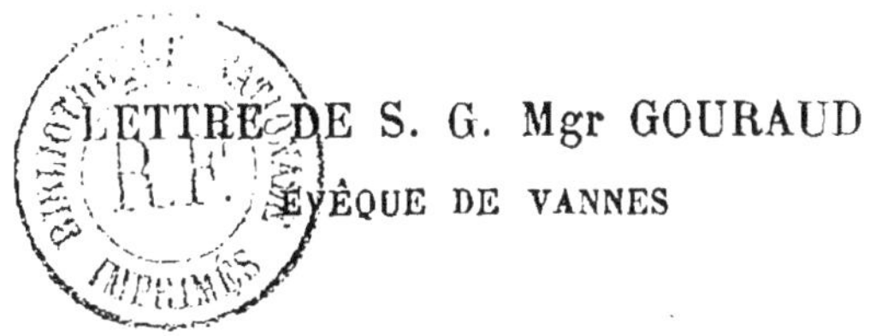

LETTRE DE S. G. Mgr GOURAUD
ÉVÊQUE DE VANNES

ÉVÊCHÉ
DE VANNES
—

Vannes, le *23 décembre 1907*.

Mon Révérend Père,

Je vous remercie et je vous félicite de la biographie que vous venez d'écrire. La grande famille de Saint-Vincent de Paul, qui est la vôtre, vous saura gré d'avoir fait revivre, dans ces pages, les vertus d'un de ses plus illustres enfants, Pierre-René Rogue.

C'est l'avantage et la gloire des familles religieuses d'avoir, pour se perpétuer, des descendants qui viennent rappeler, en les reproduisant, les leçons et les exemples de leurs saints fondateurs : ils sont les témoins de ceux qui les ont précédés, et ils servent de guides à ceux qui leur succéderont. Pierre Rogue est la preuve que, plus de cent ans après sa fondation, l'illustre famille de la Mission était restée fidèle à son esprit de piété et de dévouement.

Il n'avait manqué à l'héroïsme de la vertu chez saint Vincent de Paul, que l'occasion du martyre ; sa charité pour Dieu et pour les âmes montre qu'il en était aussi capable qu'il en était digne. Dieu s'était contenté d'accepter de lui cette immolation quotidienne qui supplée à l'effusion du sang. A saint Vincent de Paul, comme à presque tous les fondateurs d'Instituts religieux, Dieu n'avait demandé que de léguer aux siens la gloire et les vertus qui font les martyrs.

Ce legs de saint Vincent de Paul a fait les Clet et les Perboyre et tous vos saints Missionnaires ; c'est lui qui fit de Pierre Rogue ce martyr de la Révolution, comme vous l'appelez ; et ce ne sera pas la moindre gloire de votre famille spirituelle.

La Révolution française multiplia les crimes, et c'est pour cela que son souvenir provoque encore tant d'horreur. Mais, par ses excès même, elle a fait éclater tant de vertus, elle a consacré tant d'héroïsmes, elle a couronné tant de saintes institutions, qu'on lui en veut moins, semble-t-il, quand on cesse de considérer ses bourreaux, pour ne voir que la beauté et la grandeur de ses victimes. Il est permis d'espérer que plus on étudiera cette lugubre histoire, plus la sainteté de celles-ci l'emportera dans l'esprit de tous sur la cruauté de ceux-là. Il est permis de penser que, un jour, grâce à l'éclat que l'Eglise a déjà commencé à lui donner, l'histoire de la Révolution française sera surtout l'histoire de la sainteté de la France ; de la même manière que, pour nous aujourd'hui, l'histoire des persécutions des premiers siècles est bien plus l'histoire des martyrs que celle des persécuteurs.

Il n'est pas défendu de penser et de dire que cette glorification est dans le plan de la Providence divine. Dieu n'a pas voulu qu'il restât, des institutions chrétiennes de l'ancienne France, seulement le souvenir des abus qui avaient pu s'y glisser ; il a voulu surtout perpétuer le souvenir de la sainteté éminente qui s'y trouvait encore, et voilà pourquoi il lui a donné comme témoins ces prêtres et ces vierges qui versèrent si généreusement leur sang sur les échafauds de la Révolution. Pierre Rogue fut, avec les Filles de la Charité d'Arras, un de ces témoins suscités de Dieu, parce que, si une famille religieuse mérita de laisser à la postérité le souvenir de la fidélité qu'elle avait gardée à son esprit primitif, ce fut certes celle de saint Vincent de Paul.

C'est dans cette pensée, mon Révérend Père, que je puise avec vous l'espérance de voir l'Eglise proclamer *un jour le martyre de Pierre Rogue, et faire ainsi de sa gloire la récompense et le couronnement des vertus de votre Institut.*

A cette glorification, le diocèse de Vannes aura sa part.

Pierre Rogue est le témoin de l'esprit de foi, qui, à l'époque de la Révolution, animait la plupart des familles bretonnes. Quand on se rappelle qu'il fut l'un des directeurs du séminaire de Vannes, on comprend mieux pourquoi le clergé du Morbihan resta si fidèle, dans son ensemble, à ses engagements et à sa mission. Il fut l'un des membres de ce clergé et il lui servit de modèle et de guide jusque sur l'échafaud. Il était destiné de Dieu pour continuer à faire de la Bretagne la terre des Martyrs.

Aussi quelle joie et quelle force ce serait pour la Bretagne tout entière, si un jour l'Eglise la récompensait de sa fidélité, en plaçant sur les autels ce prêtre qui appartient à notre diocèse par sa naissance, par sa carrière sacerdotale et par sa mort !

Nous le demandons à Dieu par d'instantes prières.

Votre livre aura ce premier effet d'exciter d'autres âmes à prier avec nous et à nous aider en toutes manières. A la lecture de ces pages, que votre érudition a faites si exactes et que votre piété filiale a rendues si suggestives, les souvenirs s'éveilleront chez les anciens et ceux-ci nous rediront les détails que leurs pères n'avaient pu manquer de leur raconter sur ce prêtre dont la mort fit tant d'impression à Vannes. La confiance s'éveillera au cœur de tous, et forcera le martyr à s'intéresser lui-même à sa propre glorification.

Dans cet espoir je bénis votre œuvre, mon Révérend Père, et vous prie d'agréer, avec mes remerciements, l'assurance de mes sentiments respectueusement dévoués en Notre-Seigneur.

† ALCIME, Evêque de Vannes.

LETTRE DE S. G. Mgr RUMEAU

ÉVÊQUE D'ANGERS

ÉVÊCHÉ
D'ANGERS
—

Angers, le 4 décembre 1907.

Monsieur l'Abbé,

Vous avez bien voulu me faire parvenir, à la veille de leur publication, les belles pages consacrées par vous à Un martyr de la Révolution à Vannes : Pierre-René Rogue, *prêtre de la Mission de Saint-Vincent de Paul. Le serviteur de Dieu appartient au diocèse de Vannes par sa naissance, son ministère et son martyre. Il est néanmoins angevin par sa famille et par le bénéfice dont il fut pourvu dans notre cathédrale. A ce double titre, il m'est particulièrement agréable de vous remercier et de vous féliciter.*

Nos vœux s'uniront à ceux du diocèse de Vannes. Il nous sera doux de placer le nom de votre héros à côté de celui de nos martyrs. Qu'il plaise à Dieu d'associer bientôt dans une même glorification ces nobles témoins de leur foi ! Leurs exemples nous encouragent; que leur protection nous fortifie !

Veuillez agréer, Monsieur l'abbé, l'assurance de mon dévouement en Notre-Seigneur.

† JOSEPH, Évêque d'Angers.

LETTRE DE M. FIAT

SUPÉRIEUR GÉNÉRAL DES PRÊTRES DE LA MISSION
ET DES FILLES DE LA CHARITÉ

CONGRÉGATION de la MISSION
dite des Lazaristes
FONDÉE PAR S. VINCENT DE PAUL.

MAISON-MÈRE
Rue de Sèvres, 95

Paris, le 23 novembre 1907.

Monsieur et très cher Confrère,

La grâce de Notre-Seigneur soit avec vous pour jamais !

Vous répondez à bien des vœux en publiant votre « Martyr de la Révolution. »

Monsieur Pierre-René Rogue méritait d'être mieux connu. Ce que nous avions lu de ses vertus chrétiennes et sacerdotales, de son héroïsme dans les prisons et en face de la guillotine, de la vénération dont sa mémoire et son tombeau sont toujours entourés au lieu de sa naissance, nous faisait souhaiter qu'une main pieuse et habile vînt mettre en relief les dons de Dieu à cette âme généreuse, et nous rappeler l'une des plus pures gloires de la famille de Saint-Vincent de Paul.

Il vous était réservé, Monsieur et très cher Confrère, d'accomplir cette bonne œuvre. Elle vous a coûté bien des recherches, mais votre travail si richement documenté devient pour nous et pour le public chrétien un sujet de grande édification.

C'est une belle figure de saint que celle de votre héros. Elle est aussi sympathique que celle du Bienheureux Perboyre, avec lequel il est facile de voir plus d'un trait de ressemblance. Dieu veuille associer notre martyr de Vannes aux honneurs déjà décernés par l'Eglise au martyr de la Chine !

Puisse aussi notre famille religieuse n'être pas longtemps privée de l'auréole que lui feraient les nombreux Missionnaires et les Filles de la Charité, qui en beaucoup d'endroits de la France, de manières diverses, mais pour la même cause de la religion, firent à la même époque, généreusement, le sacrifice de leur vie !

Quel beau martyrologe nous donneraient, d'un côté, les Sœurs d'Arras, d'Angers, de Dax, guillotinées ou fusillées pour la foi ; et de l'autre, des Missionnaires tels que les Rogue, les François, les Borie, les Bergon, les Martelet, et tant d'autres, dont les noms sont inscrits au livre de vie !

Je fais des vœux, Monsieur et très cher Confrère, pour que votre vie de Pierre-René Rogue continue à entretenir chez nous et dans le clergé le zèle pour la découverte de toutes ces perles précieuses, dont la persécution joncha le sol de la patrie. Elles attestent tout ce que la France catholique recélait de mâles vertus en son sein à la fin du 18ᵉ siècle.

Il est permis et consolant de penser que, lorsque l'Eglise aura tiré de l'oubli, où ils sont trop longtemps restés, et placé sur les autels ces témoins du Christ, qui forment des légions, leur intercession puissante et leurs exemples deviendront, pour la France, un principe de restauration religieuse et sociale.

Je vous bénis affectueusement vous et votre ouvrage, et je reste, en l'amour de Notre-Seigneur et de son Immaculée Mère,

Monsieur et très cher Confrère,
Votre tout dévoué serviteur,

A. FIAT,
Supérieur général.

AVANT-PROPOS

Au lendemain de sa consécration épiscopale par le Souverain Pontife Pie X, Sa Grandeur Mgr Gouraud écrivait à ses nouveaux diocésains de Vannes (1) : « Nos saints martyrs Donatien et Rogatien (2) fécondèrent de leur sang toute la Bretagne, et c'est pour cela que vous leur avez voué un culte qui nous rappellera l'une de nos plus chères dévotions, en même temps qu'il nous aidera à accepter tous les combats et toutes les épreuves. Votre terre n'est-elle pas toujours la terre des Martyrs ? »

La terre de Vannes commença à être empourprée par le sang des martyrs au début du Xe siècle. En 919, les Normands envahissaient la ville et la contrée, dispersaient le clergé et les habitants, incendiaient la cathédrale et massacraient l'évêque saint Bili, honoré par son Eglise comme un martyr.

La terre de Vannes devint la *terre des Martyrs* à la fin du XVIIIe siècle. Sous la tyrannie révolutionnaire, plus redoutable que la barbarie des

---

1. Lettre pastorale de Mgr l'évêque de Vannes à l'occasion de son arrivée dans le diocèse (*Semaine religieuse de Vannes* du 24 mars 1906).

2. Saint Donatien et saint Rogatien furent martyrisés à Nantes en 287 ou 288.

Normands, les impies qui terrorisaient la France, voulurent implanter dans les ruines et le sang les principes anarchiques inspirés par l'enfer. Soulevés pour la défense de leur foi, des paysans bretons furent immolés en maint endroit des landes morbihannaises. Après la désastreuse expédition de Quiberon, les fusillades ensanglantèrent surtout la *plaine des martyrs* à la Garenne de Vannes (1), la *vallée des martyrs* de Kergrois en Quiberon, et la funèbre prairie de la rive du Loc, près d'Auray, appelé le *Champ des Martyrs*.

Les prêtres fidèles à Dieu et réfractaires aux lois impies furent persécutés par les autorités civiles avec un extrême acharnement. Sans parler des confesseurs de la foi, morts en exil à la Guyane ou sur les pontons de Rochefort, plusieurs furent massacrés par les patrouilles républicaines, chargées de les emmener en prison ; plus de vingt, condamnés comme prêtres réfractaires par les tribunaux criminels de Redon, de Lorient et de Vannes, reçurent à l'échafaud la palme du martyre.

A Vannes, l'exécution qui produisit la plus vive impression, fut celle d'un jeune ecclésiastique de trente-sept ans, originaire de la ville, prêtre de la Mission de Saint-Vincent de Paul, professeur au grand séminaire et vicaire à Notre-Dame du Mené, M. Pierre-René Rogue. Le renom de sainteté qui entourait son ministère sacerdotal, la constance avec laquelle il refusa la délivrance de ses fers, la joie céleste qui déborda de son âme lorsque le tribunal prononça la sentence de mort, le pardon sublime qu'il accorda à son misérable dénonciateur, l'angé-

---

1. L'abbé Carron, *Les confesseurs de la foi dans l'Eglise gallicane à la fin du 18ᵉ siècle* (Paris, 1820), t. 3, p. 314.

lique modestie de ses derniers moments, qui excita l'admiration même des bourreaux et opéra la conversion d'un des geôliers, l'empressement des fidèles à recueillir pieusement les reliques du supplicié, tout concourut à former autour du martyr une auréole de sainteté, dont le souvenir, après plus d'un siècle, demeure encore vivant parmi ses concitoyens.

Comme Donatien, il avait prêché la foi au péril de sa vie pendant la tourmente révolutionnaire ; comme Donatien et Rogatien, il avait été trahi par un de ses compatriotes ; emprisonné pour n'avoir pas voulu sacrifier aux idoles du jour, en reniant Jésus-Christ, il s'appliquait dans le cachot, à l'exemple de Donatien encourageant Rogatien, à fortifier pour le combat suprême son frère dans le sacerdoce, M. Alain Robin ; les deux confesseurs de la foi eurent la tête tranchée par le couteau de la guillotine, de même que les saints Donatien et Rogatien furent décapités par le glaive du bourreau.

La grande cité de la Bretagne se glorifie à juste titre de ses *Enfants Nantais.* Vannes ne doit pas lui envier cette gloire. Après saint Vincent Ferrier, qui, en mourant, se constitua patron de la ville par ces paroles adressées aux magistrats : « Je vous promets de vous être perpétuel avocat et intercesseur devant le tribunal de Dieu, pourvu toutefois que vous ne vous éloigniez pas de ma doctrine », Pierre-René Rogue, parmi les protecteurs célestes de la cité vannetaise, mérite une place privilégiée, que l'Eglise, espérons-le, voudra bien lui reconnaître solennellement dans un avenir prochain.

Cent ans ont passé avant que le Souverain Pontife ne décernât les honneurs des autels à des victimes de la Révolution française. En 1900, Mgr

Sonnois, archevêque de Cambrai, instituant un tribunal pour instruire la cause des Filles de la Charité d'Arras, martyrisées dans sa ville archiépiscopale, prononçait ces paroles (1) : « L'heure est venue de glorifier nos martyrs de la Révolution ; car si après tant de ruines accumulées aux dernières années du XVIIIe siècle, la religion catholique a pu se relever en notre pays, ... c'est bien à nos martyrs que nous en sommes redevables. » Paris avait déjà donné l'exemple en instruisant le procès des Carmélites de Compiègne, martyrisées à la barrière du Trône ; d'autres diocèses l'imitèrent, notamment ceux d'Angers et d'Avignon.

Après la béatification des Carmélites de Compiègne, en 1906, Mgr l'évêque de Vannes jugea que la cause de M. Rogue méritait d'être proposée à l'examen de l'Eglise, pour augmenter la gloire de son diocèse, où l'héroïque témoin de Jésus-Christ reçut le jour et passa toute sa carrière sacerdotale comme aumônier, vicaire et professeur du séminaire ; pour donner joie, consolation et encouragement à ses compatriotes, les prêtres et les fidèles bretons, ainsi qu'à la double famille spirituelle de Saint-Vincent de Paul, heureuse de le compter au nombre de ses membres.

Une biographie de M. Rogue fut écrite vers 1856 par le chanoine Guesdon, de Vannes, qui avait connu les survivants de la Révolution, et recueilli avec un véritable culte les faits concernant celui qu'il nomme « l'ami de nos pères » (2). Son manuscrit fut

1. Page 13 de la brochure : *Institution du tribunal archiépiscopal de Cambrai en la cause des Filles de la Charité de la maison d'Arras, mises à mort pour la foi à Cambrai le 26 juin 1794* (Cambrai, 1900), par M. E. Villette, supérieur des Prêtres de la Mission du grand séminaire de Cambrai.

2. Le chanoine Alexandre Guesdon naquit a Vannes le 24 août

imprimé presque en entier dans un recueil de circu-
laires des Supérieurs généraux de la Congrégation
de la Mission (1), réservé exclusivement aux membres de cette compagnie. Il ne fut guère connu à
Vannes que par les personnes à qui le bon chanoine
aimait à faire lire son intéressante notice.

1804, y fit ses études au collège, et entra au grand séminaire, dont
le supérieur, M. Le Gal, le choisit pour son secrétaire. Les
jours de promenade, pendant l'été, tandis que les séminaristes
partaient de grand matin pour la maison de campagne du Vincin,
M. Le Gal restait au séminaire à travailler avec son jeune
ami ; à dix heures seulement ils s'acheminaient vers Le Vincin
pour rejoindre la communauté. Dans l'intimité du vénérable
supérieur, M. Guesdon apprit une foule d'anecdotes sur l'ancien
clergé et sur la Révolution, que plus tard il aimait à raconter.

En sortant du séminaire, il devint l'un des secrétaires de
Mgr Garnier, qui ne resta que cinq mois sur le siège de Vannes.
Après la vacance, il fut nommé vicaire à Hennebont, et quelques
années plus tard aumônier des Ursulines de cette ville. Obligé de
démissionner pour raison de santé, il se retira près de sa mère à
Vannes, où il seconda de tout son pouvoir plusieurs œuvres chari-
tables. Ensuite, il fut nommé à Vannes aumônier de la maison-
mère des Sœurs de la Charité de Saint-Louis, où, pendant vingt-
quatre ans, il exerça un fructueux ministère. Il établit aussi dans
le diocèse, à la prière de Mgr de Ségur, l'œuvre de St-François de
Sales. Mgr de la Motte le nomma chanoine honoraire en 1859.

Pendant qu'il était à Hennebont, M. Guesdon composa une
explication du catéchisme de Vannes, qui fut très appréciée et
eut trois éditions.

Sa vénération pour M. Rogue était très grande. Outre ce qu'il
avait appris de M. Le Gal, il avait recueilli sur le martyr beaucoup
de renseignements, principalement dans sa famille, qui avait
habité Vannes pendant toute la Révolution ; de plus la maison
où était née sa mère, était contiguë à celle de Mme Rogue. Aussi
répétait-il souvent à son neveu, M. le chanoine Chauffier,
héritier de sa dévotion pour le saint martyr, qu'il aurait bien voulu
voir canoniser M. Rogue.

Le chanoine Alexandre Guesdon mourut à Vannes le 11 mars
1885 ; presque toute la ville assista à ses funérailles.

1. Il remplit huit pages in-4° (pp. 613-621) à la fin du du tome II
(Paris, 1879).

Le présent volume, composé avec des documents puisés aux sources les plus autorisées, a utilisé avant tout ce précieux manuscrit, en lui faisant subir quelques légères retouches se rapportant uniquement à la forme.

Puisse-t-il faire connaître et aimer davantage, surtout parmi ses concitoyens, le saint missionnaire, qui se dévoua jusqu'à la mort pour le salut de leurs âmes, et hâter l'heureux jour où lui seront rendus les suprêmes honneurs dus ici-bas aux bienheureux qui ont versé leur sang pour l'amour de Jésus-Christ !

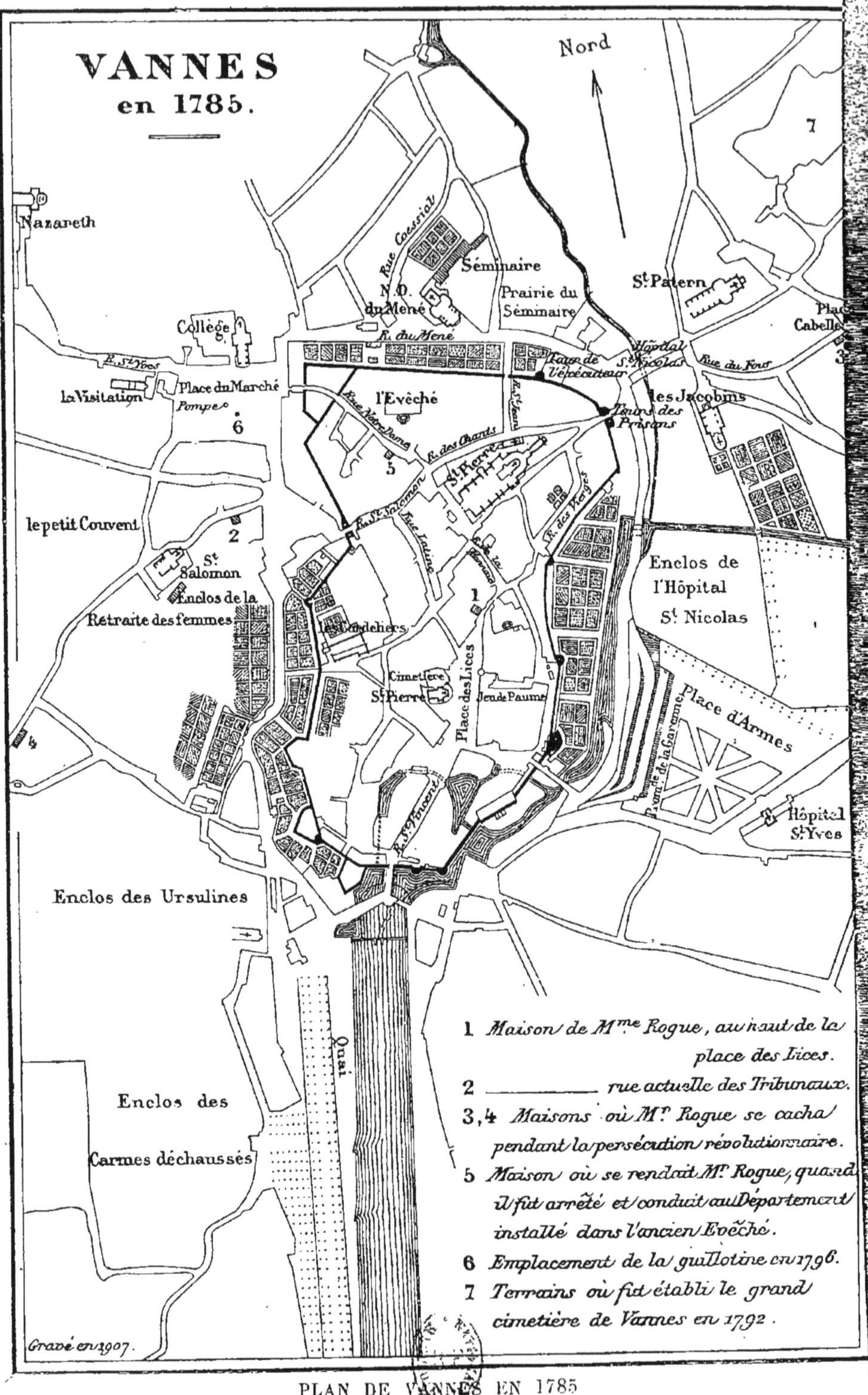

PLAN DE VANNES EN 1785

(D'après le *Plan général et topographique de la ville et des environs de Vannes,*
dressé en 1785 par Maury, architecte des domaines du roi.)

PIERRE-RENÉ ROGUE

CHAPITRE PREMIER

PREMIÈRES ANNÉES

(1758-1776)

Pierre-René Rogue (1), naquit à Vannes (2), sur la paroisse Saint-Pierre, le 11 juin 1758 ; il fut baptisé

1. Le nom de M. Rogue n'est pas précédé d'une particule ; pour lui donner une tournure bretonne, les habitants de Vannes ajoutèrent quelquefois la particule *Le*, et dirent *Le Rogue.*

2. La ville de Vannes, à l'époque de la naissance de M. Rogue, avait un aspect général, qui était à peu près celui d'aujourd'hui ; on peut s'en rendre compte en lisant la description, que donne Piganiol de la Force dans le *Nouveau voyage de France,* publié en 1755 (page 120) : « Vannes,... ville épiscopale,... est à vingt-six lieues de Nantes, et à deux de la mer, qui y a son flux et reflux par un canal dit le Morbihan, qui est une baye assez grande. La ville est petite et resserrée entre le grand fauxbourg du Marché et celui de St-Patern. Le premier est plus grand que la ville même, de laquelle il est séparé par les murailles et par un large fossé. On voit dans ce fauxbourg plusieurs églises et couvens. Le collège des Jésuites est fort beau, et l'église sous l'invocation de St Joseph. Il y a aussi un assez beau mail dans ce fauxbourg. Le grand hôpital et le couvent des Dominicains sont dans le fauxbourg de St-Patern, qui est séparé de la ville par la rivière qui coule dans les fossés, jusqu'à ce qu'étant proche du château de l'Hermine, elle y entre. Ce château... est presque abandonné ; cependant son donjon et quelques grosses tours qui restent, font connoître qu'il étoit assez fort. Le couvent des Ursulines est magnifique. Au reste la ville de Vannes n'est composée que de petites rues étroites, à la réserve de celle qui va de la porte de la mer à la Maison de ville, et de celle

le même jour (1) dans la chapelle Saint-Jean (2),
attenante à la cathédrale.

Son père, Claude Rogue, appartenait à une hono-
rable famille d'Angers, avantageusement connue, surtout dans le monde du commerce. Il était né en cette
ville, sur la paroisse Saint-Maurice, le 8 octobre 1727,
de René Rogue, « procureur au Consulat des marchands » (3), et de Marie Jacquesson.

Un frère de Claude, Jean-François, fut agréé, dès
l'âge de dix-sept ans, pour plaider devant la même
juridiction, remplacée depuis la Révolution par le
tribunal de commerce ; membre de la Société royale
d'agriculture d'Angers, il publia, en 1773, un ouvrage
de *Jurisprudence consulaire* (4), qui fut très apprécié

qui conduit à l'église cathédrale. Il y a quatre paroisses, et plusieurs couvens. Cette ville fut érigée en Comté par ses anciens souverains, et réunie à leur domaine par Alain le Grand. Aujourd'hui,
l'Évêque est en partie Seigneur de Vannes. »

1. Voir *Pièces justificatives et Notes*, n° I, à la fin du volume.

2. Avant la Révolution, les fonts baptismaux de la paroisse
Saint-Pierre étaient placés dans la chapelle Saint-Jean, située à
côté de la cathédrale, en face de la porte du Nord. Cette chapelle qui
contenait les sépultures de plusieurs chanoines, de quelques bienfaiteurs de l'église et de Mgr Georges d'Aradon, évêque de Vannes,
fut démolie en 1855.

3. *Archives communales d'Angers*, État-civil, paroisse St-Maurice, 8 oct. 1727.

4. « *Jurisprudence consulaire et instruction des négociants.*
Ouvrage utile aux Marchands, Banquiers, Commissionnaires, Rece-
veurs, Gens d'affaires, Procureurs des Juridictions ordinaires, où on
juge consulairement, Huissiers, à tous ceux qui vendent les bestiaux et denrées provenant de leurs biens, Fermiers et autres, etc.
Dédié à Messieurs les Juges-Consuls d'Anjou à Angers, — par
M. Rogue, agréé pour plaider au Consulat, et associé au Bureau
d'agriculture d'Angers. — A Angers, chez A. J. Jahyer, 1773, »
2 volumes in-12.

« Les Juridictions Consulaires, écrit cet auteur au commencement du 1er chapitre du tome 1er, page 1, ont été établies par un
motif d'intérêt public, afin de juger sommairement les affaires de

à l'époque, ainsi que le constatent les *Affiches d'Angers*, dans l'article nécrologique paru au numéro du 27 septembre 1787 : « La ville vient de perdre, par la mort de M. Rogue, greffier de la juridiction consulaire, un citoyen respectable, un homme instruit et nécessaire à la province. L'ouvrage qu'il avait donné au public, atteste en faveur de ses connaissances, et son livre était devenu le code de tous les tribunaux de commerce. Sa vie entière offre une foule de traits qui font l'éloge de son cœur et qui resteront gravés dans la mémoire de ses concitoyens ; il serait impossible de les rapporter tous. L'estime générale dont il a joui, était une récompense, dont il sentait tout le prix ; les regrets les plus sincères sont un dernier tribut que lui rendront longtemps les âmes sensibles et honnêtes ; il ne lui manquait qu'un espace plus grand pour donner plus de lustre à son travail. »

La famille Rogue était alliée à la famille Mézeray, dont un membre, Jean-Baptiste, ancien échevin de la ville d'Angers, portait, en 1780, le titre de notaire apostolique ; et un autre, Pierre, était, à la même époque, syndic du Clergé d'Anjou et chanoine de l'église cathédrale (1).

commerce... On a choisi des Négociants pour juger, comme plus expérimentés... » Les marchands d'Angers avaient obtenu de Charles IX l'établissement du Consulat par lettres du 1er mars 1564. Les audiences se tinrent d'abord dans une salle du couvent des Carmes sur la paroisse de La Trinité. En 1622, le corps des marchands acheta, rue Baudrière, une maison consulaire, appelée Palais des Marchands, et située dans l'emplacement du grand magasin qui porte actuellement le même nom.

1. Une procuration du 3 mai 1780, conservée dans le fonds du Présidial de Vannes, donne quelques détails sur la parenté de Pierre-René Rogue, du côté paternel :

« Par devant les conseillers du Roy et de Monsieur, fils de France, frère du Roy, notaires à Angers, soussignés,

» Furent présents d^{elle} Anne Rogue, fille majeure ; Me Jean-

En 1722, un abbé Rogue était titulaire de la chapellenie de la Boistellerie, desservie dans la cathédrale d'Angers (1), qui fut plus tard conférée à Pierre René, le futur martyr de la Révolution à Vannes.

Claude Rogue était allé à Bourges exercer la profession de pelletier-chapelier ; il demeurait sur la paroisse de Saint-Pierre-le-Guillard. Le 12 août 1755, il épousa, dans l'église Saint-Jean-le-Viel de cette ville (2), Françoise Loiseau, originaire d'une famille chrétienne du Berry, qui eut l'honneur de donner un prêtre à l'Église.

Elle était née le 16 mai 1729, de Claude Loiseau, marchand pelletier, de la paroisse Saint-Jean-le-Viel, et de Juliette Bourgeois. A l'époque de son mariage, son père s'étant remarié, elle était domiciliée à Paris, sur la paroisse de Saint-Germain-l'Auxerrois (3).

François Rogue, agréé pour plaider au Consulat, membre de la Société royale de l'agriculture, demeurant en cette ville, paroisse St-Maurice ; d^elle Rosalie-Perrine Rogue, fille majeure, demeurant paroisse de Ste-Croix de cette ville ; Me François-Jean-Marc Lointier, receveur des décimes ; Me Jean-Baptiste Mézeray, ancien Eschevin de l'Hôtel de cette ville et notaire apostolique ; Me Pierre Mézeray, syndic du Clergé, chanoine de l'Église cathédrale d'Angers, ces trois derniers demeurant paroisse St-Maurice de cette ville ; le s^r René Letourneau, marchand, d^elle Renée-Françoise Rogue, d^elle Marie-Louise Rogue, ces trois derniers demeurant paroisse de La Trinité de cette dite ville.

» Les dits S^rs et d^elles Rogue, oncle et tantes au paternel de Me Pierre-René Rogue, clerc tonsuré, et les sieurs Lointier, Mézeray et Letourneau parents dudit Rogue, aussi du côté paternel du deuxième au troisième degré... » (*Archives départementales du Morbihan*, B. 743.)

1. Voir *Pièces justificatives et Notes*, n° II.

2. Voir *Pièces justificatives et Notes*, n° III.

3. La parenté de Pierre-René Rogue, du côté maternel, nous est connue par deux procurations de 1780, conservées dans les papiers du Présidial de Vannes :

a) « Par devant le notaire royal au Bailliage et siège présidial d'Auxerre, résidant à Cosne-sur-Loire, soussigné,

» Furent présents Sr Charles-Claude Loiseau contrôleur et rece-

Claude Rogue et Françoise Loiseau exercèrent à Bourges leur commerce de marchands pelletiers-chapeliers environ deux années. Leurs affaires n'ayant pas prospéré, ils vinrent, vers 1757, s'établir à Vannes, rue de la Monnaie (1), au centre de la vieille ville, entourée encore des murs du moyen-âge.

Ce fut là que vint au monde Pierre-René, le seul enfant que le ciel leur donna. En 1761 (2), Madame Rogue quitta la rue de la Monnaie, pour installer son magasin de chapellerie à quelques pas plus loin, dans une modeste maison, au haut de la place des Lices (3).

Privé de son père dès sa plus tendre enfance, Pierre-René fut élevé par les soins de sa mère, qui

veur de la marque des fers en cette dite ville de Cosne, y demeurant paroisse St-Jacques, cousin germain de dame Françoise Loiseau, demeurante à Vannes et non commune de feu... Rogue, vivant me chapelier décédé... et mère de... Rogue, leur fils mineur, étudiant à Vannes ;

»Et Sr Charles Denoireterre, lieutenant des chasses de Mgr le Duc de Nivernais, demeurant audit Cosne, susdite paroisse, cousin issu de germain de la dite dame Vve Rogue, à cause de dame Solange Loiseau, son épouse, fille du Sr Charles-Claude Loiseau...

b) » Par devant les notaires royaux au bailliage de Berry et siège présidial de Bourges, résidant à Bourges, soussignés, furent présents Me Jean-Jacques Fouquet, prestre, curé de la paroisse de Vasselay ; Sr René-Louis Fouquet, marchand manchonnier, demt en cette ville, paroisse de St-Outrillet ; Sr Louis Coulon le jeune, marchand, demt en cette ville, paroisse de N.-D. du Fourchault ; tous trois cousins germains maternels du mineur cy après nommé, savoir led. Coulon, à cause de dame Marie Fouquet, son épouse ; et le Sr Louis-Augustin Bourgeot, marchand drapier, demeurant en cette ville, paroisse de St-Bonnet, cousin issu de germain, aussi maternel, dudit mineur...» (*Arch. dép. du Morbihan*, B. 743.)

1. *Arch. dép. du Morbihan*, Rôles de la capitation, année 1757, rue de la Monnaie.

2. *Ibid.*, Rôles de la capitation.

3. Cette maison porte maintenant le n° 31 de la place des Lices.

était très recommandable par sa piété. Il devint, par les naissantes vertus qu'il fit de bonne heure paraître, la consolation et l'espérance de cette bonne mère ; son obéissance, sa foi vive et son application au travail ne laissaient rien à désirer.

Il entra de très bonne heure au collège de Vannes, si renommé alors dans toute la Bretagne par la force de ses études et par la solidité de l'instruction religieuse qu'on y recevait.

Fondé en 1574 par la ville et érigé en établissement ecclésiastique par Mgr Louis de la Haye en 1579, le collège Saint-Yves était situé au nord de la place du Marché (1), dans le faubourg de la paroisse du Mené. En 1629 la ville remplaça les régents par les Pères Jésuites qui enseignèrent non seulement les belles lettres, mais encore la philosophie et la théologie jusqu'en 1762, date de leur suppression en France·

Pierre-René eut pour maîtres des régents du diocèse, sous lesquels il fit toutes ses classes avec beaucoup de distinction ; à seize ans, il les avait terminées. L'affabilité de ses manières, la douceur de ses mœurs avaient gagné la confiance de tous ses condisciples ; cette nombreuse génération, étrangère encore aux passions et aux intérêts, et sensible seulement à la vertu, subissait le charme de la franchise, de la candeur et de la bonté, qui formaient le fond de son caractère ; ceux même qui ne partageaient pas ses dispositions, ne pouvaient s'empêcher de l'admirer.

Sorti du collège trop jeune pour se fixer dans le choix d'un état de vie, il partit pour Bourges, afin d'y passer quelque temps dans la famille de sa mère,

---

1. Actuellement place de l'Hôtel de ville.

qu'il ne connaissait pas encore. Il y demeura à peu
près un an. Dans ce voyage, il dut passer par Angers,
où demeurait la famille de son père ; il ne pouvait
manquer de s'arrêter dans cette ville pour y saluer
ses parents.

CHAPITRE II

LE GRAND SÉMINAIRE DE VANNES

(1776-1781)

Revenu à Vannes, Pierre-René Rogue se décida à entrer au grand séminaire, pour se préparer aux fonctions du saint ministère, vers lequel un penchant irrésistible et ses habitudes de piété et de vertu l'attiraient depuis l'enfance. Sa bonne et sainte mère, heureuse de cette détermination, y donna les mains de tout son cœur.

Cette maison bénie de formation sacerdotale était située dans l'ancien domaine du Coessial, au faubourg du Mené, en face de l'évêché ou manoir de la Motte (1).

---

1. Une déclaration des biens du séminaire et de son personnel vers la fin de 1790, en donne cette brève description :

« Dans le département du Morbihan, il n'existe qu'un séminaire, situé au nord-est de la ville de Vannes. Les jardins, dont la maison est entourée, ne sont séparés du jardin de l'évêque que par la largeu du grand chemin, [la rue actuelle du Mené], et de la cathédrale que par une petite rue. » *(Arch. dép. du Morbihan, L. 866).* L'évêché, élevé dans la partie haute de la ville, sur le rempart, près de la Porte Neuve ou Porte Notre-Dame, devint en 1795, le siège de l'administration du département, et en 1800 l'hôtel de la préfecture ; il « fut vendu en 1866... et démoli en majeure partie dès l'année suivante, pour y faire passer la rue Billault. » *(L'évêché de Vannes* par M. Le Mené, doyen du Chapitre, (1900), pp. 26-31).

Le corps principal de logis, comprenant un bâtiment à trois étages, flanqué de deux pavillons légèrement saillants (1), avait été bâti de 1667 à 1679, par les soins du promoteur de l'œuvre, le saint vicaire général de Vannes, M. Louis Eudo de Kerlivio (2).

Le séminaire, dirigé d'abord par les prêtres du diocèse, fut confié par Mgr François d'Argouges, en 1701, aux Prêtres de la Mission de Saint-Vincent de Paul ou Lazaristes, qui « gouvernoient avec fruit et bénédiction plusieurs séminaires dans le royaume, et en particulier dans quatre evêchés de la province de Bretagne (3). » Suivant le contrat de fondation, les

1. Cf. *Le Séminaire de Vannes* par M. Le Mené (1901), p. 204. Cet édifice qu'on voit encore aujourd'hui, entre la rue du Mené et l'avenue Victor Hugo, appartient aux Dames de la Retraite.

2. Louis Eudo de Kerlivio, né à Hennebont en 1621, se forma à l'état ecclésiastique à l'école de saint Vincent de Paul, au séminaire des Bons-Enfants à Paris, où il célébra sa première messe en 1645. Il fut un des plus grands bienfaiteurs du diocèse de Vannes, principalement par l'établissement du séminaire pour les ordinands, et des maisons de retraite pour les hommes et pour les femmes. « Monsieur Vincent disoit que dès ces commencemens [aux Bons-Enfants] il avoit égalé les plus fervens religieux, qu'il ne méritoit pas de le conduire, que s'il vivoit long-tems il arriveroit à un très haut degré de perfection. » (*La vie des fondateurs des maisons de retraite*, par le P. Champion, Nantes, 1698, p. 4). Il mourut à Vannes en odeur de sainteté le 21 mars 1685. Cf. Grandet, *Les saints prêtres français du XVIIᵉ siècle*, ouvrage publié par M. Letourneau (1897), 1ᵉʳᵉ série, p. 147.

3. Acte d'établissement de la Mission au séminaire de Vannes, 17 janvier 1701 (*Archives nationales*, MM. 538, fol. 243). Les Prêtres de la Mission avaient été établis au séminaire de St- Méen, diocèse de St-Malo, en 1645, à Tréguier en 1654, à St-Brieuc en 1667, et à St-Pol-de-Léon en 1689.

En 1693, Mgr d'Argouges avait passé, à Paris, avec M. Jolly, Supérieur général de St-Lazare, un contrat pour la fondation « d'une mission d'un mois par chaque année dans le temps de la Pentecôte dans la paroisse de Pluvigner, » moyennant 600 l. 2 s. 4 d. de rente placées sur le Clergé du diocèse de Vannes (*Arch. nat.*, MM. 538, fol. 246).

Lazaristes devaient toujours être quatre prêtres, dont l'un avec la qualité de directeur ou supérieur, deux pour faire « la leçon de théologie, » et le quatrième pour avoir « soin de l'économie et enseigner le chant et les cérémonies » ; trois frères coadjuteurs étaient appliqués au service du séminaire.

Le même prélat, en 1706, unit à cette maison la cure et la paroisse de Notre-Dame du Mené (1), qui comprenait un des faubourgs au nord de la ville ; le supérieur du séminaire devint le recteur de la paroisse, et il dut choisir un de ses confrères ou un prêtre du diocèse pour remplir les fonctions curiales en qualité de vicaire (2).

L'église du Mené, qui servait de chapelle pour le séminaire, menaçait ruine; la reconstruction en fut commencée en 1720, et dura 19 ans. L'église nouvelle était perpendiculaire au bâtiment central du séminaire ; le chœur allongé, contenant l'autel principal, était réservé au clergé ; la partie des fidèles comprenait le transept avec l'autel de la Sainte Vierge à droite et celui de saint Vincent de Paul à gauche, ainsi que la nef et ses chapelles latérales ; un perron de plusieurs marches donnait accès à une petite place sur la rue du Mené (3).

1. Menez, en breton, veut dire mont, montagne. La Sainte Vierge fut honorée en ce lieu sous le vocable de Notre-Dame du Menez (ou du Mené) depuis le XIIe ou le XIIIe siècle. Cf. *Catherine de Francheville : la Retraite de Vannes ; les Filles de la Sainte Vierge* (Vannes, Lafolye, 1900), pp. 217 et 310.

2. La paroisse de N.-D. du Mené « comprenait les rues actuelles de l'Abattoir, du Moulin, de la Boucherie, de la Coutume, une partie de la rue du Mené et toute la rue de Notre-Dame ou de l'Hôtel de ville avec deux impasses d'un côté et le palais épiscopal de l'autre.» (*Le Séminaire de Vannes*, par M. Le Mené, p. 218.)

3. *Le Séminaire de Vannes*, par M. Le Mené, p. 227.
Les Dames de la Retraite, en prenant possession du séminaire le 14 juin 1864, modifièrent la disposition intérieure de l'église du

Pierre-René Rogue entra au séminaire en l'année 1776 (1). Dans ce religieux asile, il se livra tout entier à son zèle pour la gloire de Dieu, au soin de sa sanctification et à l'ambition de devenir un saint prêtre, la seule qui soit jamais entrée dans son âme. Il pratiquait ainsi les enseignements que lui donnaient ses maîtres dans la vie ecclésiastique et le règlement du séminaire.

Ce règlement, calqué sans doute, suivant l'usage adopté par les séminaires de la Mission, sur celui des Bons-Enfants à Paris, qu'avait tracé saint Vincent de Paul, commençait ainsi : « Ce Séminaire a été institué pour honorer le Sacerdoce de Notre-Seigneur Jésus-Christ, et pour former Messieurs les Ecclésiastiques à la vertu, à la science, et aux fonctions de leur état. On y enseigne pour cet effet la Théologie, l'Ecriture sainte, la manière d'administrer les Sacremens, le plain-chant, les cérémonies de l'Eglise, la méthode de faire le Catéchisme, de prêcher, de confesser, et les moyens de le faire avec piété, et dans l'esprit de la

---

Mené. Le portail donnant accès à la rue du Mené fut muré, et le grand autel transporté au fond de la nef destinée primitivement aux fidèles ; le chœur et l'ancien sanctuaire devinrent le chœur des religieuses. « Cette église, dit un mémoire [de la communauté de la Retraite], possédait la magnifique boiserie de l'ancienne abbaye de Prières, mais rien de remarquable par ailleurs. En moins de deux ans [c'est-à-dire de 1864 à 1866], elle fut merveilleusement ornée de belles et pieuses peintures dues au pinceau d'une des Sœurs (la Mère Boullé). La maison fut transformée en un couvent agréable et parfaitement distribué pour les œuvres, qui ne tardèrent pas à prospérer en ce lieu béni. » (*Catherine de Francheville*, p. 310.)

1. Les supérieurs du séminaire de Vannes avant la Révolution furent MM. Jean Frey en 1702, Marc-Antoine Desverneis en 1703, Pierre Rhodes (qui était supérieur en 1713), Patrice Journeaux en 1740 (qui mourut à Vannes le 23 nov. 1761), Louis Le Bail en 1748, Louis Le Pourvandier en 1762, le même Louis Le Bail en 1770 (qui mourut à Vannes le 20 août 1780), Jean-Joseph Collot en 1780, et Jean-Mathurin Le Gal de novembre 1781 à janvier 1792 et de 1802 au 5 septembre 1831.

Religion. On tâche surtout de leur faire apprendre par pratique la science des Saints, sçavoir les vertus chrétiennes et ecclésiastiques : c'est à quoy tendent les Méditations, les Conférences de piété, les Exhortations, les Retraites spirituelles, la lecture des Livres de dévotion, etc., et principalement le bon exemple qu'on se donne réciproquement. »

L'idéal à réaliser était formulé par l'article suivant: « Dans le saint désir que chacun doit avoir de faire progrès dans la vie spirituelle, et de s'unir parfaitement à Dieu, par l'acquisition des vertus solides, tous auront soin, au moins une fois le mois, de voir leur Directeur hors la confession,... pour apprendre les moyens de s'acquitter de leurs devoirs envers Dieu, de bien faire leurs exercices spirituels, de converser saintement avec le prochain, faire avec perfection leurs actions ordinaires, résister aux tentations, et se corriger de leurs defauts. »

Un culte particulier pour le très saint Sacrement de l'autel, surtout « en célébrant bien l'adorable sacrifice de la messe et en en faisant un saint usage, » la pratique de la pureté et des autres vertus « requises à un Ecclésiastique, principalement de l'humilité, de la mortification, de la modestie, du zèle du salut des âmes et de la solide dévotion, » surtout le soin « d'avoir une très pure intention de plaire à Dieu dans toutes leurs actions, » telles étaient les vertus et les dévotions recommandées spécialement aux clercs du séminaire (1).

M. Rogue y suivit pendant six années consécutives les cours de théologie et d'Ecriture sainte, et devint un des habiles dans les sciences sacrées. Mais

____

1. *Archives de la Mission*, Règlement du Séminaire de la Congrégation de la Mission établie au collège des Bons-Enfants.

il ne grandissait pas seulement en science ; ses vertus
prenaient chaque jour un nouvel éclat, comme on voit
croître et se développer ces arbustes pleins de sève,
lorsque le temps de porter des fruits est arrivé.

Il reçut toutes ses ordinations des mains de Mgr
Sébastien-Michel Amelot, évêque de Vannes, dans
l'église de Notre-Dame du Mené.

Le 15 mars 1777, par la tonsure (1), il entra dans
la cléricature ; avec quelle joie il s'offrit au service
de Dieu, en disant : Seigneur, vous êtes la part de
mon héritage ; je ne veux point d'autres biens que vos
célestes trésors !

Le 20 mars 1779, il fut élevé aux quatre premiers
ordres, appelés mineurs, de portier, lecteur, exorciste,
acolyte. L'estime qu'il en avait, paraît dans un petit
fait, en soi de minime importance : quand il signa le
contrat de son titre clérical, il ajouta à son nom, comme
une distinction honorifique, le mot acolyte désignant
le dernier ordre dont il était revêtu.

Vers ce temps-là, un inventaire du magasin de
chapellerie et de la maison de Mme Rogue fut fait, à
l'occasion d'un règlement de ses affaires commercia-
les, par les soins du greffier du Présidial de Vannes.
Ce document (2) nous apprend que Pierre-René logeait

---

1. « Promoti sunt a nobis missam in pontificalibus celebrantibus
in ecclesia parochiali Seminarii nostri Venetensis, die 15ª mar-
tii 1777

« Ad Tonsuram
« Petrus Renatus Rogue, filius naturalis et legitimus Claudii et
Franciscæ Loysaux conjugum e parochiâ Sᵗⁱ Petri hujusce urbis et
diœcesis oriundus... »
(*Arch. dép. du Morbihan*, G. 306, Registre des ordinations. —
Les actes d'ordination du diaconat et de la prêtrise de M. Rogue
sont dans le volume suivant, G. 307).

2. *Arch. dép. du Morbihan*, B. 745. L'inventaire est daté du
19 avril 1780.

dans une chambre au second étage, celle qui donne sur la place ; la description qui en est faite, laisse entrevoir dans le jeune clerc l'amour de l'ordre et du travail. Cette chambre, est-il dit, contenait « un lit à l'ange [c'est-à-dire sans colonnes et à rideaux relevés],... une armoire à deux battans, clef et serrure, où sont les hardes à l'usage de Monsieur l'abbé, fils de la dite demoiselle veuve Rogue, un petit prie-Dieu, deux chenets, pelle et pincettes et un soufflet, un petit buffet où sont partie des livres dudit sieur Rogue mineur, une table à tiroir où ne se trouvent que des papiers de philosophie et de théologie..., un fauteuil bourré garni de vert et sept chaises communes, deux rideaux de fenêtre, un petit guéridon. »

Avant d'être élevé au sous-diaconat, il dut, suivant les ordonnances synodales du diocèse, présenter à son évêque un titre en bonne et due forme, pour justifier de ses moyens de subsister honnêtement et être promu dans les ordres sacrés, suivant le langage canonique, « au titre de son patrimoine. » Par devant M⁰ Hervieu, notaire à Vannes, Madame Rogue lui assigna sur ses biens une rente anuelle et viagère de quatre-vingts livres, par contrat du 20 septembre 1780 (1)

Trois jours après, Pierre-René, prosterné sur le pavé du sanctuaire de Notre-Dame du Mené, disait un éternel adieu au monde, et se consacrait tout entier, par l'entremise de la Vierge très chaste, au divin ministère des autels.

Le 22 septembre 1781, courbant la tête sous la main du pontife, il recevait le Saint-Esprit avec la force de résister au diable et à ses tentations. Oh ! le saint diacre, comme son âme alors s'ouvrit avec

1. Voir *Pièces justificatives et Notes*, n° IV.

amour à la grâce, que le digne prélat sollicitait pour son pieux lévite (1) : « Envoyez en lui, Seigneur, votre Saint-Esprit, afin que, toujours fort du bon témoignage de sa conscience, il persévère, fermement et inébranlablement uni à Jésus-Christ, et par votre grâce mérite les plus grandes faveurs. » Les plus grandes faveurs du ciel, ce devait être, dès ici-bas, pour M. Rogue, la grâce du martyre.

Ce fut probablement vers cette époque, à l'occasion peut-être de sa prochaine ordination sacerdotale, que la famille Rogue d'Angers pourvut son jeune parent de Vannes d'un petit bénéfice, qui avait appartenu déjà à l'un des siens (2). Ce bénéfice était la chapelle de la Boistellerie, qui se desservait dans la cathédrale d'Angers; il était à la présentation de M. le chantre de la cathédrale, suivant une conclusion du chapitre du 15 mars 1723. Les biens, comprenant une petite closerie, quelques pièces de terre et un petit bois, étaient situés sur la paroisse de Foudon, près d'Angers, et pouvaient donner un revenu d'une centaine de livres. Les charges consistaient surtout à faire acquitter trente messes par an à l'autel de la Madeleine dans la cathédrale.

Enfin arriva pour Pierre-René Rogue l'heureux jour, objet de tous ses vœux, où l'imposition des mains du Pontife le consacrerait prêtre du Seigneur pour l'éternité. Le 21 septembre 1782, dans l'église paroissiale du séminaire, Mgr Amelot lui conféra le divin pouvoir de faire descendre chaque jour sur l'autel, pour le salut du monde, la sainte, pure et immaculée Victime du Calvaire, et de dispenser en son nom aux âmes les fruits salutaires de la Rédemption.

1. Pontifical romain, *De ordinatione diaconi.*
2. Voir *Pièces justificatives et Notes*, n° II.

Le lendemain, dimanche 22 septembre, M. Rogue, pour la première fois, monta au saint autel dans cette même église du séminaire, dédiée à Notre-Dame du Mené, où, quelques années plus tard, à l'exemple de saint Vincent de Paul, il allait exercer un fécond apostolat pour la formation du clergé et pour le salut des pauvres.

LA RETRAITE DES FEMMES, A VANNES, AVANT LA RÉVOLUTION

(Côté des terrasses ou du midi). — La chapelle était au rez-de-chaussée de l'établissement.

(D'après un dessin reproduit dans *Catherine de Francheville*, page 224.)

CHAPITRE III

LA RETRAITE DES FEMMES A VANNES

(1782-1786)

Au sortir de l'ordination, Mgr Amelot nomma M. Rogue chapelain de la maison de la Retraite des femmes.

Cette œuvre avait été fondée « pour procurer la conversion des âmes et leur avancement dans la vertu » par le moyen des « Exercices spirituels, où, séparé du tumulte et des affaires du monde, chacun peut faire des réflexions sérieuses sur son intérieur pour corriger le passé et régler l'advenir par de fortes et véritables résolutions (1). »

Elle n'était pas nouvelle dans l'Église ; car en tous les temps, surtout depuis saint Ignace de Loyola, les retraites spirituelles y furent en honneur. Mais, suivant la remarque du premier historien de saint Vincent de Paul (2), « quoyque cela ait produit de très

---

1. Acte de fondation de la Retraite, signé par la Vénérable Catherine de Francheville, le 21 octobre 1675 (*Catherine de Francheville*, p. 421).

2. Abelly, *La vie du vénérable serviteur de Dieu Vincent de Paul* (Paris, 1664), p. 120.

grands fruits, il s'est trouvé néanmoins, que faute de lieux propres et autres aides et commoditez extérieures pour faire ces Exercices, il y avoit peu de personnes, particulièrement entre les laïques, qui en pussent profiter. Ce fut cette considération, continue Abelly, qui fit résoudre M. Vincent de tenir la porte de sa maison, et encore plus celle de son cœur, ouverte pour recevoir tous ceux qui auroient cette dévotion, et mesme de convier les personnes qui en auroient besoin, de venir passer quelques jours dans les exercices d'une sainte retraite...

« Depuis qu'il eut commencé cet office de charité au collège des Bons-Enfans, il l'a toujours continué en toutes les maisons de la Mission, et particulièrement en celle de [Saint-Lazare à] Paris... Cette pratique des retraites, qu'il appeloit un don du ciel (1) », il voulut qu'elle fût aussi adoptée par les Filles de la Charité pour les personnes de leur sexe. L'usage de ces pieux exercices passa de Saint-Lazare dans un bon nombre de diocèses en France et à l'étranger, où elles produisirent partout des biens inexprimables (2).

La Providence réservait à M. de Kerlivio le soin de fonder à Vannes cette œuvre salutaire sur le modèle de celle qu'il avait vue à Paris, établie par son maître dans la vie cléricale, saint Vincent de Paul (3).

En 1664, le zélé vicaire général, d'accord avec son saint ami, le Père Vincent Huby, jésuite de la maison

1. Abelly, *Ibid.*, p. 121.

2. Cf. Collet, *La vie de St Vincent de Paul* (Nancy, 1748), t. 1, pp. 215-220.

3. « Ainsi le grand Vincent de Paul apparaît au berceau de toutes les œuvres chrétiennes de son temps, et l'on peut dire que s'il n'est pas le père de nos retraites bretonnes, il est du moins leur aïeul, étant le père d'un de leurs pères. » (*Catherine de Francheville*, p. 16.)

de Vannes, commença les retraites de huit jours pour les hommes dans le bâtiment qu'il venait de construire auprès du collège pour un séminaire ecclésiastique.

« Comme grand vicaire, écrit un de ses contemporains (1), il envoyait dans les paroisses les billets de retraites, les faisait publier et afficher dans les églises, et engageait les recteurs, les prédicateurs, les missionnaires et les prêtres à les recommander et à y venir eux-mêmes pour y attirer les peuples par leurs exemples. Il eut la consolation de les voir fréquenter par les ecclésiastiques, par la noblesse et par toutes sortes de personnes des neuf évêchés de Bretagne. »

Témoin de la « réformation générale » qui s'opérait « dans la province par cette institution (2) », une pieuse demoiselle d'une noble famille de Vannes, la Vénérable Catherine de Francheville, entreprit, en 1674, de procurer les mêmes biens spirituels à « toutes les personnes de son sexe, capables des sacrements de Pénitence et d'Eucharistie, de quelque condition qu'elle fussent » (3). Avec l'appui de M. de Kerlivio et du Père Huby, l'œuvre obtint un merveilleux succès dans toute la Bretagne.

Après quinze années de vicissitudes diverses, la Retraite des femmes fut installée définitivement près de l'église Saint-Salomon, dans un bâtiment édifié par la Vénérable fondatrice (4). La première retraite y eut

1. Grandet, *Les saints prêtres français du XVIIe siècle*, 1re série, p. 156.

2. Grandet, *ibid.*, p. 156.

3. Acte de fondation de la Retraite. (*Catherine de Francheville*, p. 422).

4. Il était situé « au nord du tribunal actuel, » dit M. Le Mené (*Histoire du diocèse de Vannes*, t. 2, p. 127), sur les terrains compris maintenant entre l'angle nord-ouest de la place du Palais de Justice et la rue de la Salle-d'Asile. « En 1870, l'ancienne maison de la

lieu le 5 mai 1679 ; depuis lors elles se suivirent régulièrement jusqu'à la Révolution. Leur durée était de huit jours entiers, du mardi soir au mercredi de la semaine suivante.

Pour l'aider au service des retraitantes, Mlle de Francheville avait réuni autour d'elle plusieurs personnes de bonne volonté, qu'on appelait les Demoiselles de la Retraite. Elles formaient, sous le nom de Filles de la Sainte Vierge, une communauté séculière, soumise à la juridiction de l'évêque de Vannes ; elles avaient soin des retraitantes en dehors de la chapelle, et s'appliquaient particulièrement à donner des conférences spirituelles et à commenter les peintures ou images morales, qui étaient une représentation sensible de la doctrine chrétienne (1).

Suivant un contrat passé avec le Père recteur du collège de Vannes, deux Jésuites étaient chargés de donner les instructions et d'entendre les confessions pendant les retraites. En 1762, après la suppression de la Compagnie de Jésus, les Demoiselles de la Retraite demandèrent à l'évêque de Vannes des aumôniers ou chapelains. Mgr Bertin écouta favorablement leur requête, et il adressa à ses diocésains une lettre pasto-

Retraite fut entièrement démolie, et il ne reste plus aujourd'hui aucun vestige de l'établissement édifié par Mlle de Francheville pour le salut de tant d'âmes. » (*Catherine de Francheville*, p. 229.)

1. Ces images étaient « de deux sortes, explique le P. Champion, les unes pour les retraites des hommes, et les autres pour celles des femmes. On y représente d'une manière sensible les choses spirituelles, qui regardent les divers états de l'âme, en la vie, à la mort, après la mort, l'état du péché, l'état de la grâce, le passage de l'un à l'autre de ces deux états. C'est comme un abrégé de toute la morale chrétienne. L'expérience a montré que rien n'est plus propre pour instruire le peuple que ces tableaux ». (*La vie des fondateurs des maisons de retraite... le Père Vincent Huby...* (1698), p. 212.)
— Cf. *Catherine de Francheville*, pp. 85-98.

rale annonçant « qu'il y aurait, comme par le passé, quinze retraites par an dans chacune des maisons, destinées à ces pieux exercices. »

La place de chapelain de la Retraite appelait naturellement M. Rogue à prendre une part active aux exercices suivis par les personnes qui venaient s'y retremper dans la vertu. Son zèle se montra dans toute son étendue. Pour en juger, il faudrait l'avoir entendu enseigner aux riches l'emploi salutaire de leur superflu ; aux pauvres, l'acceptation méritoire de leurs privations ; aux faibles, les avantages de l'obéissance ; aux coupables, les dangers de l'endurcissement dans le vice ; aux justes, le prix de la persévérance dans le bien ; à tous, les moyens de mener une vie heureuse et d'en mériter une meilleure.

Qui pourrait dire combien ajoutaient à ses discours l'onction de sa parole et surtout l'effusion de son cœur d'apôtre ! Que de larmes de pénitence il a fait couler ! Que de généreuses résolutions il a inspirées ! Que d'âmes égarées il a touchées et ramenées à Dieu, que de cœurs flétris il a rafraîchis et consolés ! Ainsi s'écoulèrent les premiers jours de sa vie sacerdotale ; son temps se partageait entre la prière, l'étude, le confessionnal, la prédication et les bonnes œuvres. Telles furent les prémices de son zèle et comme les heureux préludes d'une vie, qui allait se passer dans les saints exercices de la piété et de la charité et se terminer par le martyre.

CHAPITRE IV

SAINT-LAZARE

(1786-1787)

Prêtre pieux et zélé, M. Rogue aspirait à mener une vie plus parfaite ; la grâce l'attirait suavement à se donner sans réserve au service de Dieu et au salut des âmes, par la pratique du renoncement complet aux biens de la terre, aux satisfactions mondaines et à sa propre volonté.

Au séminaire il avait eu pour maîtres de la science et de la vertu les disciples de saint Vincent de Paul, les Prêtres de la mission. Dès les premières années de son sacerdoce, il se sentit fortement pressé par la grâce d'entrer dans leur Congrégation.

Une semblable résolution demandait un vrai courage. Il fallait se séparer d'une mère tendrement aimée, renoncer aux soins qu'exigeait une santé faible et délicate (1), abandonner des amis, que ses

---

1. M. Rogue lui-même a fait connaître l'état de sa santé dans l'audience du tribunal criminel de Vannes du 12 ventôse an 4 (2 mars 1796), où il fut condamné à mort. Il dit aux juges qu'il avait « la vue très foible et une poitrine très délicate », et cela depuis « environ dix ans, et que dès l'enfance et avant l'âge de

heureuses qualités de l'esprit et du cœur lui avaient gagnés. Trop généreux pour refuser un sacrifice dès que la volonté de Dieu s'était fait connaître, il était trop prudent pour s'engager dans une démarche aussi importante sur la foi de l'enthousiasme ou d'une impression passagère de piété.

De longues et sérieuses réflexions, des entretiens habituels avec Dieu dans la prière, les conseils sages et expérimentés du dépositaire de sa conscience, le convainquirent de la volonté du ciel ; dès lors sa résolution fut irrévocable. S'arrachant aux tendres embrassements de sa respectable mère, il dit adieu à ses nombreux amis, et partit, en octobre 1786, pour le séminaire de Saint-Lazare à Paris.

Cette maison, située à une extrémité d'un immense enclos, avait son entrée rue du faubourg St-Denis (1). Les vastes bâtiments, pouvant abriter de deux à trois cents personnes, reconstruits presque tous à la fin du XVIIe siècle, présentaient un aspect simple et austère, comme il convient à une communauté qui fait profes-

douze ans, il avait essuyé six fluxions de poitrine.. » *Registre d'audience du tribunal criminel* (18 nivôse à 1er germinal an 4), fol. 96 *(Arch. dép. du Morbihan*, L. 1546.)

Voir *Pièces justificatives et Notes*, n° V.

1. C'est actuellement (en 1907) le n° 107 de la rue du Faubourg St-Denis. Depuis la Révolution, Saint-Lazare est une prison pour les femmes. Le conseil général de la Seine, dans la séance du 21 décembre 1902, en a voté la démolition.

L'enclos, entouré de murs, contenant quarante-six hectares et demi de terre labourées, de vergers, et de jardins, était borné par les rues de Paradis et du Faubourg-Poissonnière, le boulevard de la Chapelle et la rue du Faubourg St-Denis. Cet emplacement est maintenant occupé par les deux tiers environ de la paroisse Saint-Vincent de Paul, qui compte plus de 40.000 habitants : outre l'église, de vastes établissements, comme l'hôpital Lariboisière et l'embarcadère du chemin de fer du Nord, ont été édifiés sur le territoire de l'enclos.

sion de pauvreté. La petite église gothique, ouverte aux fidèles, était à peu près le seul édifice qui restât de l'ancienne léproserie de Saint-Lazare (1).

Saint Vincent de Paul en avait pris possession le 8 janvier 1632, succédant aux huit religieux, chanoines de Saint-Victor, qui n'avaient plus de lépreux à hospitaliser. Il y avait installé sa petite congrégation des Prêtres de la Mission, établie au collège des Bons-Enfants près de la porte Saint-Victor (2) le 17 avril 1625, et qui travaillait au salut des gens de la campagne par les missions et à la sanctification du clergé. Cette dernière fonction, le saint fondateur l'avait entreprise en 1628, à la demande de l'évêque de Beauvais, en commençant les Exercices des ordinands, qui furent le germe des grands séminaires de France (3).

1. Les petits bâtiments, séparés de la grande communauté, et où les séminaristes faisaient leur noviciat, étaient aussi des restes de l'ancien Saint-Lazare. Collet, écrivant en 1748 la *Vie de St Vincent de Paul*, a consigné ce curieux souvenir (tome 1, p. 282) : « On montre encore à un bout du séminaire de St-Lazare une petite chambre où [M. de Quériolet, le célèbre compatriote de M. Rogue,] a fait sa retraite [en 1638]. »

2. A l'angle de la rue des Écoles et du Cardinal-Lemoine. On voit encore l'aile, reconstruite en 1780, de ce séminaire, qui devait être appelé séminaire Saint-Vincent de Paul, au lieu de séminaire Saint-Firmin, nom sous lequel il fut connu à partir du XVIIIe siècle. Là furent martyrisés, le 3 septembre 1792, M. François, supérieur du séminaire, plusieurs de ses confrères de la Mission, et environ soixante-dix prêtres. Aujourd'hui c'est un dépôt du mobilier de l'État.

3. Les Exercices des ordinands duraient dix jours, pendant lesquels étaient faits des entretiens, le matin, sur les principaux chefs de la théologie morale et le symbole des apôtres, le soir, sur les vertus et fonctions des saints ordres. Ces entretiens avaient été mis par écrit ; ceux du soir ont été conservés. Les manuscrits en étaient communiqués aux prédicateurs, à qui saint Vincent recommandait toujours de les développer en style très simple. « J'ai demandé autrefois, disait saint Vincent le 5 août 1659, et même à des docteurs de Sorbonne, si une personne qui posséderait bien ces dits entre-

Les portes de Saint-Lazare étaient ouvertes, non seulement aux ecclésiastiques, mais aux hommes du monde de toutes les conditions, désireux, par une bonne retraite, de se convertir sincèrement, d'avancer dans le chemin de la perfection, ou de faire choix d'un état de vie selon la volonté de Dieu. Suivant l'expression de l'abbé Maynard (1), historien de saint Vincent de Paul, « Saint-Lazare devint la grande hôtellerie de Paris et de la France pour la nourriture des âmes.... la Mission y devint permanente. »

A l'époque où M. Rogue entra à Saint-Lazare, ces œuvres subsistaient toujours, pour le plus grand bien des âmes, ainsi que nous l'apprennent des témoignages contemporains. « A chaque ordination, lit-on dans le *Dictionnaire historique de Paris* (2), ceux qui sont admis à recevoir les ordres peuvent y venir faire une retraite de huit jours, et ces retraites commencent toujours le samedi au soir. Les laïques y sont aussi

tiens pourrait confesser au village et ailleurs ; on me répondit qu'elle serait même capable de confesser à Paris... » C'était un séminaire de dix jours que les clercs faisaient à St-Lazare pendant ces exercices des ordinands. Avant saint Vincent de Paul, ils se présentaient aux ordres généralement sans préparation, et les évêques les ordonnaient, s'ils avaient l'âge requis, ainsi qu'un titre patrimonial, et s'ils savaient le latin. Le clergé en France était tombé dans le plus triste état. En 1628 commencent les Exercices des ordinands, qui peu à peu s'établissent dans les diocèses et même à Rome. Les évêques, après les avoir imposés comme préparation à la réception des ordres sacrés, les rendent obligatoires pour les ordres mineurs. Puis leur durée est prolongée de dix jours à six mois pour les clercs qui aspirent aux ordres majeurs ; ensuite de six mois à un an ; au commencement du XVIIIe siècle les clercs passent deux ans dans les grands séminaires qui sont aussi appelés séminaires des ordinands, c'est-à-dire « pour préparer les ecclésiastiques à l'ordination ».

1. *Saint Vincent de Paul*, sa vie, son temps, ses œuvres, son influence (Paris, Retaux-Bray, 1886), t. 2, p. 149.

2. Par Hurtaut et Magny (Paris, 1779), t. 3, art. *St-Lazare*, p. 396.

reçus *gratis*, pour faire des retraites de huit jours. Ces exercices commencent les mardis au soir, pourvu qu'ils ne se rencontrent point dans les semaines de grandes retraites, » fondées de 1706 à 1709, pour « quatre cents curés ou prêtres desservans du diocèse de Paris;»ces retraites pastorales, au nombre de quatre, « se font après Pâques, dans les semaines où il ne se rencontre point de fêtes, et commencent le dimanche au soir (1). »

De plus, outre les deux pauvres, qui partageaient au réfectoire le repas de la communauté à côté du Supérieur général, chaque jour des familles indigentes recevaient, à la porte de Saint-Lazare, des portions de potage, de pain et de viande ; tous les jours également la soupe était donnée à plus de trois cents indigents ; parfois leur nombre s'élevait à six ou huit cents, et dans les temps de calamités jusqu'à deux mille. Aussi Mgr de Quélen, archevêque de Paris, dans son mandement du 10 mars 1830 pour la translation solennelle du corps de saint Vincent de Paul, dit-il que la vaste maison de Saint-Lazare pouvait être appelée à juste titre « la maison des prêtres et des pauvres, parce que les uns venoient perpétuellement s'y renouveler dans l'esprit de leur vocation, et que les autres n'en réclamoient jamais en vain du secours dans leurs nombreuses nécessités. »

En 1786, celui qui depuis vingt-quatre ans tenait la place de saint Vincent de Paul à Saint-Lazare, était un vénérable vieillard de quatre-vingts ans, M.

---

1. Dans la circulaire du 1er janvier 1769, le Supérieur général annonçait à la Compagnie qu'à Saint-Lazare « les fonctions se font avec bénédiction. Outre les retraites journalières, celle des Ordinands ont lieu à chaque Quatre-Temps, et sont suivies de celles des clercs tonsurés. Celle de Messieurs les curés s'est faite au mois de juillet dernier ; elle a été nombreuse et fervente. »

Antoine Jacquier. Observateur scrupuleux de tous
les usages, règle vivante, il était d'une bonté et d'une
tendresse toute paternelle, et son autorité était d'autant plus absolue qu'il la faisait moins sentir. Une
force peu commune était nécessaire au doux pilote,
chargé de diriger la barque de saint Vincent au milieu
de la tempête, que commençait à soulever l'impiété
révolutionnaire, « temps malheureux, écrivait M.
Jacquier (1), où le christianisme semble avoir disparu
avec ceux qui nous ont précédés, où le monde ne res-
pecte plus ni préceptes ni évangile, où chacun s'érige
en arbitre des mystères et des lois, de la morale et du
dogme, où la foi presque entièrement éteinte, la charité presque universellement refroidie, l'esprit de
pénitence presque généralement ou méprisé ou incon-
nu, n'offrent plus à nos yeux que des chrétiens sans
mœurs, sans âme, sans vie, où enfin les scandales qui
se multiplient, la dépravation des mœurs qui aug-
mente, l'incrédulité et le libertinage qui triomphent,
nous annoncent d'une manière qui n'est que trop
sensible, ce mystère d'iniquité redouté par nos pères
et prédit par saint Paul... »

Afin de combattre l'esprit de liberté et d'indépendance, qui tendait à s'infiltrer jusque dans les communautés par « les brochures éphémères » et « les
livres contagieux pour les mœurs et la religion », le
sage supérieur recommandait aux missionnaires, avec
une insistance particulière, de se remplir de l'esprit de
saint Vincent de Paul. « Dieu l'ayant appelé pour en
faire un apôtre, disait-il (2), il a voulu qu'il excellât dans
la pratique des vertus qui ont spécialement caractérisé
les apôtres, il a voulu qu'il eût la simplicité, l'humilité,

---

1. Circulaire du 1er janvier 1770.
2. Circulaire du 1er janvier 1772.

la douceur, la mortification et le zèle. On peut dire en effet que ce sont là les cinq vertus qui composent son esprit particulier, qui ont été comme l'âme de son âme, la règle de ses sentiments, de ses paroles, de ses conversations et de ses actions, le mobile de son esprit et de son cœur, le ressort ordinaire de sa conduite et de toutes ses bonnes œuvres. Aussi sont-ce là les vertus..., qu'il nous a recommandées avec plus d'instance et qu'il nous propose comme devant être l'âme de notre Congrégation et comme les cinq facultés de notre esprit. »

Tels étaient les enseignements que le vénérable Supérieur général aimait à donner à la communauté de Saint-Lazare. Plus d'une fois sans doute, particulièrement aux conférences du vendredi soir, M. Rogue dut les recueillir avec un respect filial de la bouche du successeur de saint Vincent de Paul.

Il avait été reçu dans la Congrégation des Prêtres de la Mission le 25 octobre 1786, et aussitôt avait commencé son séminaire interne ou noviciat. M. Michel-René Ferrand en était le directeur depuis deux ans. Précédemment préfet apostolique à Alger, et auparavant supérieur du séminaire St-Charles de Chartres, il avait débuté dans la carrière apostolique au milieu des chrétiens esclaves à Alger, où durant cinquante trois jours il avait été emprisonné au bagne deylical, chargé de pesantes chaînes en haine de Jésus-Christ et de la France. La dernière Assemblée générale de la Congrégation, qui s'était réunie à Saint-Lazare au mois de juillet précédent, l'avait nommé premier assistant du Supérieur général.

Le directeur devait prêcher aux séminaristes la pratique de la mortification spirituelle et corporelle ainsi que de la plus parfaite obéissance, l'amour du silence et de la pauvreté, la ferveur dans l'observance de toutes les règles et usages de la Compagnie. « Quiconque veut vivre en Communauté, pouvait-il répéter après saint Vincent (1), doit se résoudre... de changer de mœurs, de mortifier toutes ses passions, de chercher Dieu purement, de s'assujettir à un chacun comme le moindre de tous, de se persuader qu'il est venu pour servir, et non pour gouverner, pour souffrir et travailler... ».

« Plaise à Dieu, mes frères, disait encore saint Vincent (2), que tous ceux qui viennent pour être de la compagnie, y viennent dans la pensée du martyre, ... et de se consacrer totalement au service de Dieu soit pour les pays éloignés, soit pour celuy-cy, ou pour quelque autre lieu que ce soit, où il plaira à Dieu de se servir de la pauvre petite compagnie. Ouy, dans la pensée du martyre ! Oh que nous devrions demander souvent cette grâce à Notre-Seigneur ! » M. Rogue, pendant son séminaire, sans doute la demanda par l'intercession de son bienheureux père saint Vincent de Paul. Ses prières n'allaient pas tarder à être exaucées.

1. Abelly, *La vie du vénérable serviteur de Dieu Vincent de Paul*, p. 162.
2. *Ibid.*, p. 163.

CHAPITRE V

LE MISSIONNAIRE DE SAINT-VINCENT DE PAUL

(1787-1789)

Vers la fin de sa première année de noviciat, un peu avant les vacances, M. Rogue fut envoyé à Vannes pour professer la théologie au grand séminaire. Sans doute il emportait, gravées dans son âme, les recommandations données par le vénérable M. Jacquier (1) aux Missionnaires sur les fonctions de leur état :

« Les directeurs des séminaires ont une terre à cultiver, dont les fruits sont plus tardifs et moins apparents que ceux qu'on recueille dans les paroisses et les missions ; mais ces fruits que l'on ne peut se promettre que par des soins assidus et extrêmement multipliés, répandent au loin, quand ils sont arrivés à leur perfection, la bonne odeur de la vie éternelle. Donner à l'Église de bons prêtres, c'est mettre en sa possession des trésors, où une infinité de personnes pourront puiser et s'enrichir. Si au contraire, par un défaut de zèle, de vigilance, d'instructions et de bons exemples, on donnait à l'Église de mauvais prêtres, ce

1. Circulaire du 1er janvier 1776.

serait faire entrer des loups ravissants dans la berge-
rie du Père de famille, ce serait travailler à détruire le
troupeau de Jésus-Christ. Dieu nous préserve d'un
pareil malheur ! »

En arrivant à Vannes, vers le milieu de l'année 1787,
M. Rogue retrouva comme supérieur du séminaire
M. Jean-Mathurin Le Gal (1), qui en avait la conduite
depuis le 12 novembre 1781. Celui-ci le reçut à bras
ouverts, et s'estima heureux de l'avoir pour colla-
borateur et ami.

Quant à lui, il avait toujours conservé une sorte
d'affection filiale pour la maison qui avait servi de
berceau à son éducation ecclésiastique ; il y rentra
avec bonheur et se livra avec une nouvelle ardeur à
l'étude de la théologie, afin de remplir dignement
l'emploi important qu'on venait de lui confier. Son
enseignement n'avait rien de trop relâché ni de trop
austère : il savait conserver ce juste tempérament qui
est le caractère particulier de la vraie vertu et du véritable talent.

1. M. Jean-Mathurin Le Gal naquit à Rochefort, diocèse de
Vannes, le 30 juillet 1746. Il reçut la prêtrise le 23 septembre 1769,
devint chanoine de Rochefort, puis en 1773 recteur de Guégon. Il
entra dans la Congrégation de la Mission à Saint-Lazare le 20 novembre 1774 et, après une année de séminaire interne, fut envoyé
à Cambrai pour professer la théologie au grand séminaire ; il y
fit les vœux en 1776. En novembre 1781, il fut nommé supérieur
du grand séminaire de Vannes, à la place de M. Collot appelé à la
Mission de Saint-Cyr. Le 19 septembre 1791, les administrateurs
du district de Rochefort faisaient part au département du Morbihan
de leurs craintes à cause de la « nouvelle de la prochaine arrivée
du sieur Le Gal ici. Cet ecclésiastique, écrivaient-ils, fut longtemps
chanoine en cette ville, lieu de sa naissance. Il y a toute sa
famille, du patriotisme de laquelle nous n'avons pas en général
beaucoup à nous louer... » Exilé en Espagne en 1792, M. Le Gal
en revint en 1796, au péril de sa vie, probablement lorsqu'il eut
appris la nouvelle de la mort de M. Rogue, qui avait pris à sa

Pour se guider dans ses délicates fonctions, outre les règles tracées par diverses Assemblées générales de la Congrégation de la Mission, il pouvait avoir entre les mains un petit manuel pour la « conduite des études d'un régent de séminaire », tracé au commencement du XVIIIe siècle par M. Bonnet, directeur des études à Saint-Lazare, et, en 1711, élu Supérieur général.

Parmi les conseils donnés au régent, le sage et savant directeur recommandait « de ne pas donner dans les partis extrêmes, soit en ce qui regarde les dogmes, soit pour ce qui concerne les règles de la morale évangélique. Nous sommes dans un siècle de lumière à la vérité, ajoutait-il, mais il abonde encore plus en de vaines curiosités et dans l'amour et le mauvais goût des nouveautés... » Il ne faut pas, disait-il encore, « être ou passer pour un mauvais tolérant, lequel, pour avoir une fausse paix avec les hommes, souffre, sans crier, qu'on fasse la guerre à

---

place, pendant sa déportation, la charge des âmes de la paroisse du Mené. Un « État nominatif des Ecclésiastiques résidans sous le district de Rochefort » du 1er juillet de l'an 4 (1796) porte M. « Le Gal ci-devant supérieur du séminaire de Vannes », comme demeurant à Rochefort (*Arch. dép. du Morbihan*, L. 861). En 1802, il fut nommé vicaire général et supérieur du séminaire de Vannes, où il mourut le 5 septembre 1831.

Pendant le XVIIIe siècle, la Congrégation de la Mission compta plusieurs de ses membres, prêtres ou frères coadjuteurs, originaires du diocèse de Vannes. Parmi eux on remarque M. Gabriel Liard, ami de M. Rogue, avec qui il demeura au moins une année comme professeur au séminaire. Né à Vannes le 2 février 1762, il entra à Saint-Lazare, étant prêtre, le 25 avril 1785, et fit les vœux au séminaire de Vannes le 26 avril 1787. Un autre missionnaire vannetais mérite une mention particulière : M. Alexis-Julien Lucas, né à Redon le 13 avril 1764, reçu à Saint-Lazare le 29 janvier 1785, où il fit les vœux le 19 mars 1787, missionnaire à Rochefort-sur-Mer, réfugié à Vannes pendant l'année 1792, martyrisé à Nantes dans une des noyades de Carrier, le 17 novembre 1793.

L'ANCIENNE PAROISSE DE NOTRE-DAME DU MENÉ

1. Église de Notre-Dame du Mené. — 2. Séminaire. — 3. Chapelle du collège.

(Vue prise du clocher de Saint-Patern.)

Dieu, en retenant sa vérité captive dans l'injustice, ou en corrompant la pureté de son évangile et de la morale de Notre-Seigneur par des gloses pernicieuses et par des traditions purement humaines... »

« Le professeur qui est aussi directeur d'une partie des ecclésiastiques qui sont dans le séminaire... doit former ces Messieurs à l'oraison, aux lectures, aux examens, aux élévations de cœur à Dieu, aux exercices de la sainte et amoureuse présence de Dieu » ; et pour la science, il doit «savoir que les évêques ne nous envoient pas leurs ecclésiastiques pour en faire des régents de théologie, mais seulement des curés et vicaires capables d'instruire le peuple et diriger les fidèles » ; il doit « viser uniquement dans la classe à leur faire bien apprendre le dogme et la morale de l'Église et la manière de bien instruire les fidèles de ces deux choses également nécessaires à leur salut. »

Le séminaire de Vannes n'était pas uniquement un séminaire diocésain, comme l'écrivait le supérieur aux autorités civiles en 1791 (I): «on n'y dispose pas seulement aux saints ordres les clercs du diocèse, on y enseigne la théologie aux clercs et aux laïques, à ceux du diocèse et des diocèses étrangers. » En 1762, en effet, les chaires de théologie, supprimées au collège, avait été transférées au séminaire par l'évêque, Mgr Bertin, et depuis lors l'enseignement public de cette science sacrée y avait toujours été continué (2).

M. Rogue, inspiré par son zèle pour le salut des

---

1. Lettre de M. Le Gal du 31 mars 1791. *(Arch. dép. du Morbihan,* L. 866. *)*

2. « Je certifie qu'après l'expulsion des Jésuites, les revenus du collège ne pouvant suffire aux charges, le bureau [du collège] pria Mr de Bertin de transporter au séminaire les chaires de théologie, qui, suivant l'arrest du Parlement, auroient coûté 3.300 livres au collège. Suivant cette délibération, la théologie ne s'enseigne plus au

Pierre-René Rogue.

âmes, outre la chaire de théologie du séminaire, crut pouvoir accepter les fonctions de vicaire du Mené. « Au mois de novembre 1789, écrivait-il plus tard aux administrateurs du district (1), j'ai été chargé des fonctions curiales dans la paroisse de Notre-Dame du Menez. »

Il les avait exercées même avant cette date, ainsi que le constatent les registres de cette église (2). Le 10 juillet 1787, il bénit un mariage, dont il signa l'acte : « Pierre-René Rogue, prêtre de la Congrégation de la Mission. » L'année suivante, son ministère se borna à faire des sépultures, dont il signa les actes : « P.-R. Rogue, prêtre de la Mission, faisant les fonctions curiales. »

Après une année, passée dans ce cher séminaire, le moment arriva pour M. Rogue de se consacrer d'une manière irrévocable au service du Seigneur dans la Congrégation de la Mission ; il prononça les saints vœux au séminaire de Vannes, en présence de son supérieur, M. Le Gal, le 26 octobre 1788.

Pour être admis à cette grande faveur, il avait réalisé en sa personne le portrait du bon prêtre de la Mission, tracé par son ancien Supérieur général, M. Jacquier (3), mort le 6 novembre de l'année précédente. « Il est exact au lever de quatre heures et à

coilège, et le séminaire est chargé de cette partie essentielle de l'instruction publique. A Vannes, ce 9 mars 1791. [Signé :] Le Botmel, principal du collège. »

(Arch. dép. du Morbihan, L. 866.)

1. Lettre de M. Rogue du 10 mai 1791. (Arch. dép. du Morbihan, L. 1489.)

2. Registre des « Naissances et Mariages de 1781 à 1790 » et registre des « Décès de 1781 à 1790. » (Arch. communales de Vannes, Etat-civil ancien.)

3. Circulaire du 1er janvier 1774.

la pratique de l'oraison et des exercices de piété qui sont prescrits par notre règle. Scrupuleux observateur de ses engagements, il les regarde comme une dette rigoureuse, dont il est comptable en tout temps à Dieu et aux hommes; il ne respire qu'après le travail; et tous ses moments sont consacrés à l'exercice de ses fonctions, ou à s'y préparer par la prière et l'étude. Ami de la retraite, il vit dans la séparation du monde, ou ne s'y montre que pour en dissiper les ténèbres par ses lumières et par les bénédictions de son ministère. Fidèle imitateur des vertus de saint Vincent, de sa simplicité, de son humilité, de sa douceur, de sa mortification, de son zèle, il porte partout l'heureuse empreinte de sa gravité, de sa modestie, de son opposition à toutes les nouvelles inventions de la vanité et de la mondanité. Partout il laisse la bonne odeur de Jésus-Christ. Ainsi ses jours sont pleins ; son âme est tranquille ; une voix secrète et divine lui dit que tout va bien pour elle. Enfin cette vie passagère s'échappe sans regret, pour lui ouvrir l'entrée de celle des vrais vivants, qui ne finira jamais. »

Le ciel, dans sa bonté, avait pourvu M. Rogue de précieux avantages bien propres à lui gagner tous les cœurs. Il l'avait doué d'une de ces physionomies heureuses qui sont le cachet de l'innocence et de la sainteté (1). Toutes les personnes qui ont eu le bonheur de le connaître ont souvent répété qu'il avait la

---

1. L'acte de jugement de M. Rogue par le tribunal criminel de Vannes, contient son signalement : « Ayant taille de quatre pieds ouze poulces [1 m. 59 environ], cheveux et sourcils bruns, yeux bleux, nez et bouche moyenne, barbe rouge, menton fourchu, front large, le sommet de la tête dégarni de cheveux. » *Registre d'audience du tribunal criminel* (18 nivôse à 1ᵉʳ germinal, an 4), fol. 95 (*Arch. dép. du Morbihan, L. 1546*).

figure d'un prédestiné. Il lui avait donné une voix charmante qu'on aimait à entendre aux offices qui se faisaient à l'église du séminaire.

Son esprit juste, naturellement gai et enjoué, témoignait de la paix d'une bonne conscience. La bonté qui se reflétait sur son front était le fonds de son âme. Son caractère doux et affable contribua beaucoup à lui gagner l'affection de ses élèves et des habitants de sa ville natale ; aussi dans le séminaire tous l'aimaient, et, dans la ville, grand nombre de personnes pieuses l'honoraient de leur confiance. Il consacrait avec bonheur ses instants libres au confessionnal; on se rappela longtemps avec quelle exactitude il s'y rendait, avec quelle prudence et quelle sagesse il conduisait les âmes qui venaient se mettre sous sa direction.

Mais, tandis que M. Rogue enseignait avec succès la théologie et travaillait au salut des âmes avec un zèle infatigable, des nuages chargés d'orages et de tempêtes s'amoncelaient à l'horizon et s'apprêtaient à porter au sein de notre malheureuse patrie la désolation et la mort. Les calamités qui menaçaient depuis longtemps la religion et la monarchie prenaient chaque jour un aspect plus sinistre. La Révolution s'avançait terrible et menaçante, attaquant avec audace le trône et l'autel.

CHAPITRE VI

LE SCHISME DE LA RÉVOLUTION

(1789-1791)

Le Clergé de France, dans ses Assemblées générales, à partir de 1750, gémit « de la licence et de l'impunité, avec laquelle on a répandu dans Paris et dans tout le royaume les livres les plus impies et des libelles infâmes, dans lesquels la Religion est outragée de la manière la plus sanglante » (1).

Dans ses remontrances au roi, en 1765 (2), il signale parmi « les ouvrages les plus pernicieux », le *Contrat social* de Jean-Jacques Rousseau, que Marat, en 1788, devait « lire et commenter dans les promenades publiques, aux applaudissements d'un auditoire enthousiaste » (3), et qui fournit « aux plus systématiques et aux plus violents des hommes qui ont fait

1. *Collection des procès-verbaux des Assemblées générales du Clergé de France* (Paris 1778), t. VIII, p. 402 (Assemblée de 1750).

2. *Ibid.*, t. VIII, p. 1352.

3. Mallet du Pan, cité par M. Jules Lemaître, de l'Académie française, dans sa conférence du 6 mars 1907 sur le *Contrat social*. (V. *La Revue hebdomadaire* du 16 mars 1907, p. 308).

la Terreur » (1), la principale formule de la Révolution : « Si l'on cherche en quoi consiste précisément le plus grand bien de tous…, on trouve qu'il se réduit à deux objets principaux, la *liberté* et *l'égalité* (2). »

Aux yeux des impies, qui s'appellent philosophes (3), les sociétés ne sont « qu'un vil assemblage d'hommes lâches, ignorants et corrompus, prosternés devant des prêtres qui les trompent, et des princes qui les oppriment ;… les chefs des nations ne sont que des méchants et des usurpateurs…, qui ne s'arrogent le titre fastueux de représentants de Dieu, que pour exercer sur elles plus impunément le despotisme le plus injuste et le plus odieux » (4).

Se libérer du « despotisme » sacerdotal, ou, suivant le mot sans cesse répété par Voltaire, « écraser l'infâme » ; se libérer de la « tyrannie » royale, tel est le double but poursuivi par les philosophes incrédules et les francs-maçons du XVIIIᵉ siècle avec un acharnement satanique (5).

1. Conférence de M. Jules Lemaître sur le *Contrat social, ibid.*, p. 307.

2. *Contrat social*, livre II, chap. XI : Des divers systèmes de législation.

3. Sur les philosophes du XVIIIᵉ siècle, voir *Journal de la Religion et du Culte catholique*, nᵒ 2, 10 oct. 1795 (18 vendémiaire an 4), et nᵉ 3, 18 oct. 1795 (25 vendémiaire an 4).

4. *Collection des procès-verbaux des Ass. gén. du Clergé de France*, t. VIII, pièces justificatives, p. 568 et suiv. (Assemblée de 1770).

5. Cf. Allocution consistoriale de Pie VI, du 16 juin 1793, sur le « martyre » de Louis XVI. (*Recueil des décisions du St-Siège apostolique*, 1790-1799, Rome, 1800, t. 3, p. 316).

« La Révolution… a voulu, avec Voltaire, affranchir l'homme des terreurs du ciel, et, avec Rousseau, le libérer des servitudes de la terre. » (Discours de M. Viviani, ministre du travail, à la fête de l'Orphelinat de la coopération, célébrée au Trocadéro, à Paris, le dimanche 6 octobre 1907).

Le poison de la mauvaise presse infecta la Bretagne comme le reste de la France. « Les idées nouvelles, connues sous le nom de philosophie, écrit un historien breton (1), avaient pénétré dans cette province, et y avaient séduit plusieurs membres des classes éclairées de la société... Les mauvais livres étaient répandus et lus dans la Bretagne, et comme partout y causaient d'affreux ravages... On conçoit aisément que des gens, qui s'étaient soustraits à l'autorité salutaire de la religion, fussent disposés à secouer le joug du pouvoir civil et à chérir l'indépendance, qu'ils appelaient la liberté, dès que ce pouvoir ne leur plaisait plus » (2).

La contagion exerça ses ravages principalement dans la bourgeoisie, qui entraîna à sa remorque, en agitant le fantôme d'une liberté trompeuse, quelques curés mécontents des bénéficiers, des chanoines et des

1. *Histoire de la persécution révolutionnaire en Bretagne à la fin du XVIII⁰ siècle*, par l'abbé Tresvaux, chanoine de l'Église de Paris, (Paris, Le Clere, 1845), t. I, pp. 4-6. « Nous n'avons eu assez souvent, dit l'auteur (p. XVI), qu'à consulter nos souvenirs pour rappeler plusieurs faits qui se trouvent dans cette histoire. Trop jeune pour avoir pu prendre une part active aux événements de la Révolution, nous étions assez âgé pour qu'ils fissent sur nous une impression profonde et que le temps n'a pas effacée.»

2. « Vous voilà donc enfin dégagés de ces chaînes, pauvres prêtres, disait à M. Caron, vicaire à St-Germain de Rennes, un des philosophes à la mode ; mais levez donc la tête, n'encensez plus votre idole, ne rampez plus aux pieds du despote à croix d'or et à soutane violette... Sous prétexte d'affranchir les prétendues chaînes des prêtres inférieurs, sous prétexte... de les arracher, comme ils veulent dire, au despotisme épiscopal, de faux frères se sont unis pour ébranler la chaire apostolique,... et ainsi détruire la religion de fond en comble... J'aurois bien du penchant à croire que cet esprit d'insurrection, qu'on souffle au clergé du second ordre contre les supérieurs légitimes, est le dernier effort du philosophisme pour terrasser la religion. » (Lettre à l'abbé Barruel, publiée dans son *Journal ecclésiastique* d'avril 1790, pp. 392-394).

réguliers. La noblesse et le haut clergé breton ayant refusé d'élire, en dehors des États de la province, leurs députés aux États-généraux, les représentants du tiers-état et des curés se rendirent seuls à Versailles pour l'ouverture des séances, qui eut lieu le 5 mai 1789.

Ils formèrent dans cette ville le *Club breton*, auquel se joignirent bientôt des députés de l'Anjou et les principaux meneurs de la Révolution ; transporté à Paris après le 6 octobre, il s'appela, du nom du couvent où se tenaient ses réunions, le club des Jacobins. En correspondance intime avec le Palais-Royal de Paris, où les agitateurs préparaient la populace aux coups de mains, il élaborait les motions révolutionnaires, qui devaient être présentées à l'assemblée. Là, pour les convertir en décrets, il se faisait soutenir par « les galeries, garnies de tous les bandits de la capitale, soldés et endoctrinés, qui poussaient des hurlements de rage » contre les opposants ; quand cette manœuvre ne réussissait pas, il ordonnait une insurrection populaire, pour que « l'effroi arrachât le décret » aux députés intimidés et parfois même violentés (1). Par ces manœuvres révolutionnaires, il devint, après

---

1. *Dénonciation aux Français catholiques des moyens employés par l'Assemblée nationale, pour détruire en France la Religion catholique*, par M. de Launay, comte d'Antraigues (sous le pseudonyme d'Audainel), député de la noblesse du Bas-Vivarais, sénéchaussée de Villeneuve-de-Berg, (brochure in-8° de 166 pages, datée de Paris le 24 mars 1791), pp. 92 et 103.

« Il est certain, écrit ce député (p. 93), que tous les plans destructeurs furent conçus à cette époque; mais au milieu de ceux-là même qui les formoient, il existoit des projets indépendans du plan général; c'est-à-dire que parmi les complices attachés au plan général, il se trouvoit une foule d'hommes ignorans et aveugles, qui, ne prévoyant ni les conséquences d'un principe, ni l'avenir, votoient constamment suivant les vues de tel ou tel parti, et vouloient néanmoins toute autre chose que ce que les chefs du parti avoient résolu d'opérer. »

la réunion des trois ordres (27 juin 1789), le maître de
la Constituante, bien qu'il n'en formât d'abord qu'une
petite minorité (1).

Avec sa complicité, une insurrection populaire prit,
le 14 juillet, et renversa la Bastille, prison d'État con-
sidérée comme le symbole du despotisme royal. De
cette journée révolutionnaire data « l'an premier de la
Liberté », que les Constituants spécifièrent sous le
nom de « liberté française » (2), dans la nuit du 4 août,
où, « au milieu du plus effroyable tumulte... (3) »,
« l'Assemblée nationale détruisit entièrement le régime
féodal. » (4).

Alors fut codifié le « droit nouveau » (5), puisé prin-

1. « Grâce à cette intervention des galeries, la minorité radicale,
trente membres environ [sur onze cent quatre-vingt-douze] conduisent la majorité.» A un député, qui, le 28 mai, demande le huis-clos
pour délibérer, un autre répond : « Apprenez, monsieur, que nous
délibérons ici devant nos maîtres, et que nous leur devons compte
de nos opinions ». « C'est la doctrine du *Contrat social*, et les députés n'osent ni ne savent se soustraire à la tyrannie du dogme
régnant... Il est admis que le public des galeries représente le
peuple au même titre et à titre plus haut que les députés. » (Taine,
Les origines de la France contemporaine : la Révolution, Paris, 1888,
16e édition in-8, t. I, p. 41). — « Dans toutes les grandes délibérations, abolition du régime féodal, suppression des dîmes, Déclaration des Droits de l'homme, question des deux Chambres, veto
du roi, la pression du dehors fait pencher la balance : c'est ainsi
que la Déclaration des droits, repoussée en séance secrète par vingt-
huit bureaux sur trente, est imposée par les tribunes en séance
publique, et passe à la majorité des voix. » (Taine, *ibid.*, t. I, p. 122.)

2. Décret des 4, 6, 7, 8 et 11 août 1789, art. 17. (*Collection générale des lois*, par Rondonneau, t, I, pp. 12 et 14). Les textes des
décrets et lois cités dans les pages suivantes, sont généralement
tirés de ce recueil.

3. *Dénonciation... des moyens employés par l'Assemblée nationale*,
p. 102.

4. Décret des 4, 6, 7, 8 et 11 août 1789, art. 1.

5. Encyclique *Immortale Dei* de Léon XIII, du 1er novembre
1885.

cipalement dans le *Contrat social* (1) : le 26 août, l'Assemblée adopta la « Déclaration des droits de l'homme et du citoyen », qui devait être, suivant le mot de Barnave (2), « le catéchisme national », ou, d'après l'expression d'un professeur de Sorbonne, admirateur des principes de 89 (3), « le *Syllabus* laïque qui constitue la foi de la société moderne. » Pie VI, en 1791 (4), réprouva les dix-sept articles de cette Déclaration comme « contraires à la religion et à la société. »

Quand le 15 juillet, au lieu de réprimer l'émeute parisienne avec son armée, Louis XVI eut « brisé son sceptre, » en déclarant à l'Assemblée qu'il ne faisait

1. Cf. *Histoire de la science politique dans ses rapports avec la morale*, par Paul Janet (Paris, 1887, 3e édition), t. 2, p. 455.

Extrait d'une lettre de Taine à son éditeur, M. Templier, gendre de L. Hachette, du 8 novembre 1884 : « Cette liaison des principes de Rousseau et des actes de la Révolution française est marquée expressément en vingt endroits, notamment dans l'*Ancien Régime*, livre III, chapitre IV tout entier, dans la *Révolution*, tome I, livre II tout entier, dans la *Révolution*, tome II, livre I, chapitre I tout entier, et dans la *Révolution*, livre II, chapitres II et III tout entiers. La nouveauté et l'intérêt de l'ouvrage consistent même, ce me semble, en cela, c'est-à-dire dans la liaison que j'établis entre la théorie et les événemens..» (*Revue des Deux-Mondes* du 15 avril 1907, t. 38, p. 790.)

2. Séance de l'Assemblée nationale du 1er août 1789 (*Réimpression de l'ancien* Moniteur, *mai 1789-novembre 1799*, Paris, 1843, t. I, p. 262).

3. Paul Janet (*Histoire de la science politique*, t. I, p. LV.)

4. Lettres apostoliques du 23 avril 1791 (*Brefs et instructions de Notre Saint Père le Pape Pie VI*, 1790-1796, publiés par l'abbé M. N. S. Guillon, Rome, imprimerie de la Chambre Apostolique, 1796, t. 2, p. 38). — Cf. Encyclique *Immortale Dei* de Léon XIII.

« C'est en 1789 qu'en renonçant à la notion de peuple chrétien, pour appliquer à l'ordre social le rationalisme déiste ou athée, ses représentants ont donné au monde le lamentable spectacle d'une apostasie nationale jusqu'alors sans exemple dans les pays catholiques. C'est en 1789, qu'a été accompli, dans l'ordre social, un

qu'un avec la nation, « tout fut dit de son côté (1) ». La Révolution, victorieuse de la monarchie très chrétienne, eut hâte de porter ses coups contre le « christianisme romain » ou la « religion du prêtre... si évidemment mauvaise », qui « établit sous un chef visible le plus violent despotisme (2) ». Que le peuple souverain, déclarait J.-J. Rousseau, fixe « les dogmes de la religion civile » ; quiconque ne les croira pas, sera « banni » comme « insociable », et « puni de mort. »

Cependant il fallait encore ménager les sentiments du peuple, qui aimait la religion. Les impies, pour atteindre leur but, décidèrent d'avilir l'Église, en mettant tous les cultes sur le même pied d'égalité, et de ruiner son indépendance, en lui ôtant la propriété et l'administration de ses biens ; ses ministres, rabaissés au rang de mercenaires, recevraient alors de la nation un salaire, qui pourrait être vendu au prix de l'apostasie. Telle fut la « marche savante et soutenue (3) », poursuivie par la Constituante, pour « décatholiciser la France (4) ».

En suivant ce programme, écrit le comte d'Antraigues (5), l'Assemblée, « le 4 août 1789, supprime

véritable déicide, analogue à celui qu'avait commis, sur la personne de l'Homme-Dieu, dix-sept siècles auparavant, le peuple juif, dont la mission historique offre plus d'un trait de ressemblance avec celle du peuple français. » (*La Révolution française à propos du centenaire de 1789*, par Mgr Freppel, Paris, 1889, 4ᵉ édition, in-8°. p. 29.)

1. *Dénonciation... des moyens employés par l'Assemblée nationale*, p. 99.

2. *Contrat social*, livre IV, chap. VIII.

3. *Dénonciation... des moyens employés par l'Assemblée nationale*, pp. 63 et suiv.

4. Parole de Mirabeau, citée par l'abbé Barruel, *Histoire du Clergé pendant la Révolution françoise* (Londres, 1793), p. 4.

5. *Dénonciation... des moyens employés par l'Assemblée nationale*, p. 135.

les dîmes de l'Église ; le 29 septembre, elle enlève aux églises les vases sacrés ; le 28 octobre, elle défend les vœux monastiques (1) ; le 2 novembre, elle adjuge à la nation les propriétés du clergé ; le 13 avril 1790, elle lui en ôte l'administration (2) ; le 14 du même mois, elle salarie le clergé par un impôt, et l'asservit par ses besoins ; et le 12 juillet, elle attaque les lois de l'Église, renverse son gouvernement spirituel, détruit sa foi et anéantit sa hiérarchie. »

Ce jour là, en effet, elle vota la constitution civile du clergé. D'après la nouvelle « religion civile », les électeurs de la nation recevaient de l'Assemblée le pouvoir de nommer les évêques et les curés par scrutin et à la pluralité des suffrages ; les évêques, élus du peuple, devaient demander l'institution canonique aux métropolitains et non au Pape ; les chapitres des cathédrales étaient remplacés par un conseil de vicaires épiscopaux, dont les évêques étaient « forcés de suivre la majorité dans les affaires de juridiction » ; la seule autorité civile modifiait les circonscriptions des diocèses et des paroisses, destituait par là même de leur juridiction spirituelle des évêques canoniquement établis, et en substituait de nouveaux à leur place ; enfin « tout prêtre fonctionnaire » devait « s'engager par serment à maintenir ces articles de tout son pouvoir (3) ».

---

1. Ces vœux, dont l'émission était « suspendue » par le décret du 28 octobre, furent prohibés, et les ordres monastiques furent supprimés, par le décret du 13 février 1790.

2. Le même jour, l'Assemblée refusa de déclarer la religion catholique religion de l'État.

3. *Mon apologie*, par M. François, supérieur des prêtres de la Mission du séminaire St-Firmin à Paris (in-8°, p. 5).

Le serment était imposé par les articles 21 et 38 du titre II de ce décret dans les termes suivants : « Avant que la cérémonie de la

Pie VI, qui, selon l'expression d'un contemporain (1), « respectait jusqu'aux jalouses délicatesses des libertés gallicanes, ne voulut pas publier un jugement sur les nouveaux décrets de l'Assemblée nationale, avant que la majorité des évêques lui eût clairement exposé ce qu'elle en pensoit » ; mais il exhorta Louis XVI (2), qui l'avait consulté, à refuser la sanction royale à la constitution civile du clergé, afin de « ne pas entraîner le nation dans l'erreur et le

consécration commence, l'élu prêtera, en présence des officiers municipaux, du peuple et du clergé, le serment solennel de veiller avec soin sur les fidèles du diocèse qui lui est confié, d'être fidèle à la nation, à la loi et au roi, et de maintenir de tout son pouvoir la constitution décrétée par l'Assemblée nationale et acceptée par le roi. »

« Les curés élus et institués prêteront le même serment que les évêques dans leur église, un jour de dimanche, avant la messe paroissiale, en présence des officiers municipaux du lieu, du peuple et du clergé. Jusque-là ils ne pourront faire aucune, fonction civile. »

1. L'abbé Marie-Nicolas-Sylvestre Guillon (*Collection générale des Brefs de Pie VI*, édit. de 1798).

Les libertés gallicanes, auxquelles fait allusion cet auteur, sont ainsi exposées par Durand de Maillane (*Dictionnaire de droit canonique*, Lyon, 1776, t. 3, p. 474) : « Encore que le Pape soit reconnu pour suzerain ès choses spirituelles, toutefois en France la puissance absolue et infinie n'a point de lieu, mais est retenue et bornée par les canons et règles des anciens conciles de l'Eglise reçus en ce royaume. *Et in hoc maxime consistit libertas Ecclesiæ Gallicanæ...* » — « *Nos privilèges*, écrivait à propos de la constitution civile du clergé l'abbé Barruel, alors imbu des préjugés gallicans, sont que la voix des évêques ne soit point prévenue par des sentences, que le défaut d'instruction pourroit rendre nuisibles à l'Église de France ; mais... c'est le pape lui-même qui a sollicité leurs instructions, comme ils ont sollicité son jugement. » — Cf. Lettres apostoliques de Pie VI du 10 mars et du 13 avril 1791 : *Brefs de Pie VI* (collection Guillon de 1796), t. 1, pp. 106-114 et pp. 294-296. — Les citations des lettres de Pie VI, faites dans la suite du volume, sont généralement empruntées à cette édition Guillon de 1796.

2. Lettre du 10 juillet 1790 (*Brefs de Pie VI*, t. I, p. 20.)

royaume dans le schisme. » Le pauvre roi, harcelé par les révolutionnaires et cédant à ses conseillers peu clairvoyants, les archevêques de Bordeaux et de Vienne (1), donna sa signature le 24 août 1790.

Aussitôt le décret fut envoyé aux départements (2). A Vannes, il fut reçu le 13 septembre, et publié le 25 octobre. L'église cathédrale ressentit, la première, les effets de l'intrusion civile. L'évêque, Mgr Amelot, fut invité par le directoire du département à choisir des vicaires épiscopaux ; les chanoines reçurent défense de célébrer désormais l'office divin à la cathédrale ; et le séminaire eut l'ordre d'assister aux cérémonies de l'église épiscopale.

Cependant de tous les points de la France, évêques et chapitres protestaient contre la sacrilège invasion. Trente évêques, députés de l'Assemblée, signaient, le 30 octobre, l'*Exposition des principes* sur la constitution civile du clergé, à laquelle adhéraient cent dix neuf évêques de France (3), quatre-vingt-dix-huit ecclésiastiques députés et un grand nombre de chapitres et de curés.

Les Jacobins, furieux d'une résistance aussi inattendue, prescrivirent de nouveau, le 27 novembre, aux évêques et aux curés, ainsi qu'aux professeurs des séminaires et des collèges, aux vicaires et à tous les

1. « C'est le propre des caractères faibles et des hommes politiques de troisième ordre, comme l'étaient les conseillers de Louis XVI, de chercher constamment une conciliation entre des principes inconciliables, et de temporiser, lors même qu'on ne peut rien gagner à attendre... » (*Histoire de la constitution civile du clergé*, par L. Sciout, Paris, 1872, t. I, p. 268).

2. La Constituante avait divisé la France en 83 départements par décret du 26 février 1790, après avoir adopté le principe de cette division par le décret du 22 décembre 1789.

3. Il n'y eut que quatre évêques dissidents. (*Brefs de Pie VI*, t. I, p. 296).

ecclésiastiques « fonctionnaires publics », le serment « d'être fidèles à la nation, à la loi et au roi, et de maintenir de tout leur pouvoir la constitution décrétée par l'Assemblée nationale et acceptée par le roi ». Les ecclésiastiques qui le refuseraient, seraient réputés avoir renoncé à leur office et remplacés ; ceux qui, après refus de serment, continueraient l'exercice de leurs fonctions, seraient poursuivis comme « perturbateurs de l'ordre public. (1) »

A Vannes, les patriotes s'efforcèrent d'amener à leur parti les membres influents du clergé de la ville. M. Le Botmel, principal du collège, avait été élu membre du directoire départemental. De son côté, le directoire du district de Vannes faisait des démarches auprès de M. Le Gal, supérieur du séminaire et recteur du Mené, qui répondait par cette lettre du 16 novembre (2) : « Le choix du district auroit de quoi me flatter si j'entendois les finances et la marche de notre ancien bureau, mais je suis neuf sur ces articles, et il est à désirer pour le bien public, qu'on choisisse un curé plus instruit ; si cependant le district croit suffisante la présence d'un curé qui n'y entend rien, je me trouverai à l'assemblée, quand vous aurez eu la bonté de m'en indiquer le jour et l'heure. »

Plusieurs recteurs du diocèse consultèrent alors leur évêque « sur la conduite qu'ils devaient tenir relativement au serment ». Mgr Amelot, dans sa réponse du 16 décembre, se borna à faire un simple exposé de la législation nouvelle, et le termina par cette réflexion :

1. Le 4 janv. 1791, la Constituante porta ce décret : « L'Assemblée nationale décrète que le serment prescrit par le décret du 27 novembre dernier, sera prêté purement et simplement dans les termes du décret, sans qu'aucun des ecclésiastiques puisse se permettre de préambules, d'explications ou de restrictions. »

2. *Arch. dép. du Morbihan*, L. 856.

« Nous doutons qu'aucune société religieuse voulût soumettre à ces règles le choix de ses ministres ; et l'exposition seule de ces lois suffit pour montrer le danger de leur exécution. » Le prélat concluait avec dignité et sagesse : « Après l'examen le plus réfléchi des nouvelles lois, nous n'y avons reconnu ni la discipline actuelle, ni les usages de nos pères, ni l'esprit des anciennes élections. La piété du Roi l'a porté à consulter le Chef de l'Église. Attendons sa décision et celle des premiers Pasteurs. » Il ajoutait : « Nous n'hésitons pas à vous déclarer que, sur un objet aussi intéressant pour la religion, vous ne devez connaître d'autres lois que celles qui seront approuvées par l'Église. C'est dans les temps difficiles et lorsque l'agitation des esprits et les opinions divisées ont jeté dans des routes incertaines, qu'il faut se rallier à la Chaire de Pierre et suivre de plus près le flambeau de l'Église ; et si notre inviolable attachement au Corps des premiers Pasteurs nous expose à des épreuves, nous savons en qui nous avons mis notre confiance... »

Le décret du serment, sanctionné par Louis XVI le 26 décembre, arriva à Vannes, à l'administration départementale, le 4 janvier 1791. Il fut en général mal accueilli par les municipalités du Morbihan ; des pétitions, adressées au département, au nom d'un bon nombre de paroisses et avec l'adhésion du séminaire et du collège de Vannes, déclaraient que le serment portait atteinte à la foi et à la puissance spirituelle. « Nous voulons et exigeons, était-il dit (1), qu'on ne demande à nos prêtres et à nos prélats aucun serment ; nous voulons et exigeons qu'on n'en déplace aucun ; nous aimons notre évêque et nos

---

1. *Histoire de la persécution révolutionnaire en Bretagne,* par l'abbé Tresvaux, t. I, p. 190.

LA VIEILLE CITÉ DE VANNES
A gauche, la cathédrale Saint-Pierre ; à droite, le clocher de Saint-Patern.

recteurs... Nous voulons la paix, nous désirons qu'on ne la trouble pas, et qu'on ne nous force pas à la résistance. »

Déjà des troubles, occasionnés par les nouveautés révolutionnaires, avaient désolé plusieurs contrées de la Bretagne. Dans le but de les pacifier, les députés bretons de la Constituante avaient assemblé en congrès à Pontivy, le 19 janvier 1790, les délégués d'un grand nombre de villes de Bretagne et d'Anjou. Ceux-ci avaient formé un pacte fédératif pour défendre jusqu'à la mort la constitution de l'État et les décrets de l'Assemblée, déclarant que n'étant « ni Bretons, ni Angevins, mais Français et citoyens du même empire », ils ne souffriraient jamais qu'on attentât « à leurs droits d'hommes et de citoyens, » et opposeraient « aux ennemis de la chose publique toute l'énergie qu'inspire le sentiment d'une longue oppression. »

Tandis que les fédérés « ni Bretons, ni Angevins » s'exaltaient pour le maintien de la « liberté française », les catholiques Bretons se rassemblaient en divers lieux pour la défense de leur foi menacée. Au Bondon, près de Vannes, des habitants de la ville et les paysans des alentours se réunirent le 7 février 1791, afin de pourvoir à la sûreté de leur évêque et de protester contre les décrets de la Constituante.

Les administrateurs du département et la municipalité ne pouvant compter sur les habitants de Vannes, dont « la très grande majorité professait des principes absolument contraires à la Révolution (1), » demandèrent du secours à la ville de Lorient, qui

1. Rapport des administrateurs du conseil général du département du Morbihan aux représentants du peuple, du 4 mai 1793.

envoya sur-le-champ des volontaires, des dragons et des artilleurs de la marine.

Le 10 février, le club de Lorient tint une séance en présence des patriotes de Vannes, qui, le lendemain, se constituèrent en société des Amis de la Constitution, à l'instar de celle des Jacobins de Paris et de celle de la ville de Lorient (1).

Les troupes lorientaises, sous prétexte de présenter à Mgr Amelot une cocarde tricolore, envahirent l'évêché. Aussitôt le bruit se répandit que l'évêque serait forcé de prêter le serment ou de donner sa démission. Le dimanche 13 février, plusieurs bandes de paysans armés, malgré les appels répétés du clergé au calme et à la paix, se dirigèrent sur Vannes, pour délivrer leur évêque ; ils furent accueillis à Liziec (2) par une fusillade des troupes ; le sang coula, et plusieurs paysans furent tués. Le lendemain, Mgr Amelot quitta secrètement la ville et se retira à quelques lieues plus loin dans la cure de Plumergat.

Le clergé de Vannes était en général peu disposé à prêter le serment à la constitution civile. Mais les les patriotes veillaient ; ils résolurent de profiter des circonstances pour exercer sur lui une pression.

Dès le matin du 14 février, le club se réunit, et un « frère » de Lorient proposa « de députer des membres vers M. l'évêque et les principaux ecclésiastiques de la ville pour les engager, au nom du Dieu de paix, de la patrie et de la constitution, à considérer que leur refus obstiné de prêter le serment était une des cau-

1. Registre des séances du club de Vannes, copié par les soins du Dr Mauricet, fol. 1. (*Archives du collège St-François-Xavier de Vannes*, fonds Mauricet.)

2. Liziec est situé à deux kilomètres environ de la ville sur la route de Rennes.

ses de la scène trop malheureuse dont ils avaient été hier les témoins, et pour leur représenter que, s'ils persévéraient, il y aurait à craindre qu'elle ne se renouvelât d'une manière encore plus tragique. » Un citoyen de Vannes fit adopter la motion de tenter la même démarche auprès des professeurs du séminaire et des régents du collège (1).

Les députés du club se rendirent à l'instant chez les membres du clergé ; mais ils n'en trouvèrent aucun à leur domicile, et ils laissèrent un billet indiquant l'objet de leur visite.

Le supérieur du séminaire fut mandé devant la municipalité. Là il se trouva en butte aux plus pressantes instances des patriotes ; à bout de forces, après une longue lutte, il finit par céder, en promettant de prêter le fatal serment. Avec le principal du collège, quatre prêtres de Vannes et six « cy-devant » religieux, il signa la déclaration suivante (2) :

« L'Assemblée nationale ayant déclaré par son décret et instruction du 21 janvier, qu'elle ne voulait ni ne pouvait toucher au spirituel,

» Je jure de remplir mes fonctions avec exactitude, d'être fidèle à la nation, à la loi et au roi, et de maintenir de tout mon pouvoir la constitution décrétée par l'Assemblée nationale et acceptée par le roi.

» Nous déclarons que nous ferons dimanche prochain, à l'issue de la messe paroissiale, le serment cy-dessus.

» A Vannes, le 14 février 1791. »

A cette nouvelle les patriotes de la ville exultèrent de joie. Dans la séance de l'après-midi, commencée à

1. Reg. du club de Vannes (copie Mauricet), fol. 4.
2. *Arch. du collège St-François-Xavier*, fonds Mauricet.

trois heures, le club décida d'envoyer une députation « pour témoigner en son nom à ces Messieurs sa satisfaction d'une démarche aussi propre à ramener la paix si nécessaire et si désirée par la société entière (1) ».

M. Rogue apprend ce qui vient de se passer. Il voit d'un coup d'œil la tache dont va se couvrir son vénéré supérieur, le mal affreux que l'exemple de M. Le Gal va faire, à raison de l'estime dont il jouit et de l'influence qu'il exerce sur le clergé. Justement alarmé d'une pareille défection, il accourt près de lui, le trouve étendu sur un fauteuil, presque sans mouvement et sans forces, pâle, livide, défiguré, en proie aux plus cruels remords. « Ah ! mon cher Monsieur, » s'écrie-t-il en entrant, « qu'avez-vous fait ? » — « Oh ! mon ami !... » dit le supérieur en lui tendant la main et en pleurant... L'émotion, le trouble, le regret, ne lui permettent pas d'en dire davantage. « Vite, vite, » reprend M. Rogue, « ne perdons pas de temps, écrivez de suite. » Et, en parlant ainsi, il lui avance du papier, lui présente une plume. « Écrivez que vous retirez votre promesse et que vous ne ferez pas le serment exigé ; je me charge de faire arriver votre lettre à destination. » Il ne le quitte pas que la rétractation ne soit écrite et signée.

Cette lettre, dont les expressions précipitées trahissent le trouble du bon supérieur, était adressée « à Messieurs les Officiers municipaux de la ville de Vannes (2) » :

« Messieurs,

« Toutes réflexions faites, je crois le préambule du serment insuffisant pour excepter le spirituel ; aussi

1. Reg. du club de Vannes (copie Mauricet), fol. 5.
2. *Arch. du collège St-François-Xavier*, fonds Mauricet.

je vous déclare que je ne ferai pas le serment dimanche prochain. Je me retire donc et je reviendrai pour rendre mes comptes, dès que la paix sera rendue à la ville. Si on dérangeait tout ce qui est dans ma chambre, je ne pourrais rendre bien mes comptes. L'ancien de mes confrères prendra la conduite de la maison ; il n'y aurait à craindre que des étrangers. Je vous prie de rendre ma rétractation publique.

» Je vous préviens aussi que les séminaristes veulent sortir. Je crois qu'ils ne peuvent rien faire au séminaire.

» Je suis avec respect, Messieurs, votre très humble et très obéissant serviteur.

» [Signé] : Le Gal, supérieur du séminaire.

» Vannes, 14 février 1791. »

« L'ancien de ses confrères » était M. Rogue (1), qui se chargeait volontiers, dans ces difficiles et périlleuses circonstances, de conduire le séminaire pendant l'absence momentanée du supérieur.

Heureux d'avoir remporté la victoire, il partit aussitôt pour faire parvenir à la municipalité son heureux message. Si l'on se reporte par la pensée vers ces temps troublés, on se fera facilement une idée de l'étonnement et de l'indignation que durent éprouver les officiers de la commune, en lisant cette déclaration.

Le lendemain (2), le club des patriotes, furieux, proposa contre le séminaire et le supérieur des mesures extrêmes : « Un membre, d'après le procès-

1. Voir *Pièces justificatives et Notes*, n° VI.

2. Le 15 février, M. Le Botmel et un autre prêtre rétractèrent également leur promesse.

verbal de la séance (1), a dit que M. Le Gal, supérieur du séminaire, s'étant déshonoré au point de rétracter la soumission qu'il avait faite hier, de prêter son serment, était indigne de la confiance publique. Il a fait la motion formelle de prier les administrations de lui retirer la direction du séminaire, attendu que sa conduite le rendait indigne, et de lui nommer un successeur à la cure dont il est pourvu, pour n'avoir pas, dans le délai prescrit et échu d'hier, obéi à la loi.

» Un autre membre a dit que les décrets de l'Assemblée nationale portent que tous les séminaires doivent être fermés et qu'ils ne pourront être ouverts, — et ce dans les villes seulement où l'évêque est conservé, — qu'après que les supérieurs et directeurs auront été nommés ; que par une contravention formelle à la loi, le sieur Le Gal a continué de donner et faire donner ses leçons ; qu'il a même été assuré que, depuis les vacances, nulle autre matière ne se traite dans les écoles que celle relative à la constitution civile du clergé, et qu'il est certain que le résultat de la discussion ne porte les jeunes étudiants à rien autre chose qu'à la désobéissance et à l'insurrection. Ce qui peut retarder pendant bien des années les fruits que nous devons attendre des plus belles lois, que l'Assemblée nationale ait portées dans sa sagesse. En conséquence il a fait la motion de supplier Messieurs du département de faire fermer le séminaire jusques après la nomination et le serment des vicaires, supérieur et directeurs....

» Ces motions ont obtenu les plus vifs applaudissements, et à l'unanimité la société a arrêté de députer

1. Reg. du club de Vannes (copie Mauricet), fol. 7 v°.

vers Messieurs du département pour les supplier de les prendre en la plus grande considération. »

Tous les directeurs du séminaire de Vannes, à l'exemple de M. Rogue, avaient compris que prêter le serment serait commettre un grave parjure. Nullement effrayés des malheurs dont on les menaçait, n'écoutant que la voix de leur conscience, ils se dirent comme l'aîné des sept frères martyrs au temps des Machabées : « Plutôt mourir que de violer la loi de Dieu (1) ! » et courageusement il confessèrent leur foi en refusant le serment (2). Cet exemple fut suivi par la très grande majorité des prêtres du diocèse (3).

Mgr Amelot étant rentré dans la ville vers la fin de février, les trois commissaires, que la Constituante avait envoyés dans le Morbihan « pour y rétablir l'ordre et la tranquillité », forcèrent le département à exécuter le décret du 14 février, qui condamnait l'évêque « à se rendre à la suite de l'Assemblée ». Le 28 février, il fut conduit à Paris sous la surveillance de deux gardes nationaux. Après un séjour de sept ou huit mois dans la capitale, il se réfugia en Suisse, et plus tard passa en Angleterre.

Le 27 mars, après le refus définitif de M. Guégan,

1. II Mach., VII, 2.

2. Un « Etat des ecclésiastiques fonctionnaires publics du district de Vannes qui ont prêté ou refusé le serment prescrit par le décret de l'Assemblée nationale, » qui fut « arrêté en directoire au district de Vannes le 1er avril 1791, » donne les indications suivantes sur le refus de serment de M. Rogue et de ses confrères. Pour « l'établissement » appelé « Le Mené », Messieurs « Legal, curé » et « Rogue, vicaire », sont portés l'un et l'autre comme ayant « refusé » le serment. Pour « le séminaire », M. « Legal, supérieur », Messieurs « Le Rogue, Rouillon, Robin, professeurs » sont portés comme ayant également « refusé » le serment. (*Arch. dép. du Morbihan,* L. 861.)

3. Voir page 73, note 1.

recteur de Pontivy et député à la Constituante (1), d'accepter l'épiscopat constitutionnel, les électeurs nommèrent le recteur d'Herbignac, M. Le Masle, évêque du Morbihan.

M. Rogue et ses confrères continuèrent jusqu'au 24 avril 1791 (2) leurs cours aux séminaristes. Depuis la rentrée de 1790, au dire des Jacobins vannetais, les leçons de théologie avaient pour objet la constitution civile du clergé, et la conclusion des enseignements était de réprouver cette loi néfaste. M. Rogue avait été heureux de trouver une approbation de sa doctrine dans la lettre de son évêque du 16 décembre. Sa joie devint plus grande encore, quand il reçut les lettres apostoliques du Souverain Pontife, datées du 10 mars et du 13 avril 1791.

Dans ces dernières, le Pape Pie VI déclarait formellement : « La nouvelle constitution du clergé repose sur des principes empruntés à l'hérésie ; par conséquent elle est dans plusieurs articles hérétique et opposée au dogme catholique ; dans d'autres, elle est sacrilège, schismatique, elle détruit les droits de la primauté du Pape et de l'Église, elle est contraire à la discipline tant ancienne que nouvelle ; enfin elle n'a été imaginée et promulguée que dans le but d'abolir entièrement la religion catholique (3) ».

Le premier principe de cette constitution civile

1. Lettre du 21 mars 1791 aux administrateurs du département (*Arch. dép. du Morbihan*, L. 856).

2. *Arch. dép. du Morbihan*, L. 1491, fol. 122.

3. « Illudque, Deo adjuvante, absolvere ita voluimus, ut omnibus articulis ad examen revocatis, neminem prorsus lateret, novam cleri constitutionem ex nostro et apostolicæ hujus Sedis judicio,... ex principiis coalescere ab hæresi profectis, adeoque in pluribus decretis hæreticam esse et catholico dogmati adversantem, in aliis vero sacrilegam, schismaticam, jura primatûs et Ecclesiæ ever-

condamnée par le Pape comme hérétique est le pouvoir de juridiction, que les laïques de la Constituante s'attribuent sur les choses spirituelles : « pouvoir, dit Pie VI, qui est une conséquence de la liberté absolue, proclamée comme un droit de l'homme en société, autorisant chacun à penser, dire, écrire et imprimer tout ce qui lui plaît, même en matière de religion ; droit monstrueux, continue-t-il, qui découle, suivant la Déclaration de l'Assemblée, de la liberté et de l'égalité naturelles de l'homme. »

« Mais quoi de plus insensé que cette liberté et cette égalité, » qui n'ont jamais existé, même avant la chute originelle, puisque dès lors Dieu avait donné à l'homme des commandements ; liberté et égalité contredites par l'expérience, car « telle est la faiblesse de la nature, que les hommes, pour leur conservation, ont besoin de s'aider mutuellement » ; liberté et égalité, qui ne sont que la répétition des erreurs des Vaudois et des Béguards, condamnées par Clément V avec l'approbation du concile œcuménique de Vienne, et que reprirent les Wicléfistes et enfin Luther disant : « Nous sommes libres de tout. »

« La liberté et l'égalité proclamées par l'Assemblée, conclut le Souverain Pontife, n'aboutissent qu'à renverser la religion catholique (1). »

---

tentem, disciplinæ cum veteri tum novæ contrariam, non alio denique consilio excogitatam atque vulgatam, nisi ad catholicam religionem prorsus abolendam. » (*Brefs de Pie VI*, t. I, p. 306).

1. *Brefs de Pie VI*, t. 1, pp. 124-134. — Voir *Pièces justificatives et Notes*, n° VII.

CHAPITRE VII

LA SPOLIATION

(1791)

Mgr d'Argouges, en établissant les Prêtres de la Mission « directeurs perpétuels » du séminaire de Vannes « tant pour le spirituel que pour le temporel » par ses lettres du 17 janvier 1701, leur avait donné, suivant l'usage du temps, la propriété de « la maison appartenant audit séminaire, avec toutes ses dépendances et tous ses meubles tant pour eux que pour les séminaristes (1) ». Avec le prieuré du Hézo, en Surzur, cédé en 1689 par l'abbaye St-Gildas de Rhuys, le séminaire de la Mission de Vannes possédait la chapellenie du Vincin, en Plœren, le prieuré des Saints, en Grandchamp, et la cure de Notre-Dame du Mené, que le même prélat lui avait unis le 31 décembre 1706.

Les directeurs étaient tenus par l'acte de leur établissement d'employer les revenus selon les ordres de l'évêque, à la juridiction duquel ils étaient soumis « en tout ce qui concerne la conduite du séminaire,...

1. Acte d'établissement du 17 janvier 1701 (*Arch. nat.*, MM. 538. fol. 243).

et généralement en toutes choses qui peuvent regarder le prochain. »

Ils s'acquittaient fidèlement de leurs obligations, comme le témoigne le registre intitulé : « Comptes que rendent les prêtres de la Congrégation de la Mission, supérieur et directeurs du séminaire de Vannes, à Monseigneur l'illustrissime et révérendissime évêque de Vannes en recette et dépense des biens de son séminaire (1)... » Vers le commencement de la seconde année scolaire passée par M. Rogue au séminaire, Mgr Amelot daigna leur exprimer sa grande satisfaction, en écrivant sur ce registre l'attestation suivante :

« Par le compte que nous a rendu le supérieur de notre séminaire, il paroit que ses biens et revenus ont été sagement administrés tant par lui que par ses prédécesseurs ; en conséquence nous le déclarons quitte et le déchargeons de toute obligation à cet égard.

» A Vannes, le 10 décembre 1788.

» [Signé :] Seb [astien] Mich [el], év [êque] de Vannes. »

Les maîtres légitimes de ces biens en furent injustement dépossédés par l'Assemblée Constituante, quand elle décréta, le 2 novembre 1789, le vol de tous

---

1. *Arch. dép. du Morbihan*, G, Séminaire.

Un autre registre, conservé dans ce même fonds d'archives et intitulé « Livre des charges du séminaire de Vannes » contient à la dernière page l'acte d'une fondation de 80 messes par an, moyennant la somme de 2.000 livres, faite par Mlle Anne Le Goff le 18 juin 1788, et signé par MM. Le Gal, Rouillon, Liard et *Rogue*. — A la fin du même registre, sur une feuille séparée, est un autre acte de fondation de 312 messes par an, moyennant la somme de 7.800 livres, fait par Mlles Louise et Françoise de Jacquelot le 16 octobre 1787, et, du consentement de Mgr Amelot, signé par MM. Le Gal, Liard et « *Rogue*, prêtre de la Mission. »

les biens de l'Eglise en France, sous cet euphémisme « que tous les biens ecclésiastiques sont à la disposition de la nation. » Le 13 novembre (1), un décret obligea les titulaires de bénéfices et les supérieurs d'établissements ecclésiastiques à faire dans les deux mois, une déclaration détaillée de leurs biens ; le 14 janvier, le délai fut prorogé jusqu'au 1er mars 1790 ; le 5 février (2), un nouveau décret prescrivit aux titulaires la déclaration de leurs bénéfices, sous peine d'en être destitués.

En conséquence de ces prescriptions, regardées dès cette époque par les spoliateurs comme des « mesures conservatoires (3) », M. Le Gal, « recteur de Notre-Dame du Mené, supérieur du séminaire et des direc-

1 « Tous titulaires de bénéfices,... et tous supérieurs de maisons et établissements ecclésiastiques sans aucune exception, seront tenus de faire, sur papier libre et sans frais, dans deux mois pour tout délai..., par devant les juges royaux ou les officiers municipaux, une déclaration détaillée de tous les biens mobiliers et immobiliers dépendant desdits bénéfices, maisons et établissements, ainsi que de leurs revenus, et de fournir, dans le même délai, un état détaillé des charges... ; lesquels déclaration et état seront par eux affirmés véritables devant lesdits juges ou officiers, et seront publiés et affichés à la porte principale des églises de chaque paroisse où les biens sont situés...

» Lesdits titulaires et supérieurs... seront tenus d'affirmer qu'ils n'ont aucune connaissance qu'il ait été fait directement ou indirectement quelques soustractions de titres, papiers et mobiliers desdits bénéfices et établissemens. Et ceux qui auront fait des déclarations frauduleuses seront poursuivis devant les tribunaux, et déclarés déchus de tout droit à tous bénéfices et pensions ecclésiastiques...»

2. Art. 1 : « Tous possesseurs de bénéfices ou de pensions... toutes personnes enfin sans exception seront tenus, dans le mois de la publication du présent, de déclarer devant les officiers municipaux de la ville où ils se trouveront... le nombre, le titre des bénéfices qu'ils possèdent, et le lieu de leur situation... ; sinon et faute par eux de faire ladite déclaration, ils seront déchus des bénéfices et pensions qu'ils auront omis de déclarer. »

3. Décret du (7 et) 14 novembre 1789.

teurs prêtres de la Mission, » fit, le 23 février 1790, la déclaration « des biens meubles et immeubles appartenant au séminaire et aux prêtres de la Congrégation de la Mission. » Après avoir groupé sous divers titres (1) l'actif du séminaire, il détaillait les charges, et établissait cette balance :

« Recette annuelle : 7734^l 1^s
« Dépense :   7720^l 9^s 9^d

Conséquemment la recette excède la dépense de . . . .   13^l 11^s 3^d ».

Il terminait en déclarant « que l'inventaire ci-dessus était conforme à la vérité, et que copie d'icelui avait été affichée aux portes des églises des paroisses, où sont situés les biens mentionnés. » Après sa signature, il ajoutait : « Je déclare en sus n'avoir aucune connoissance qu'il ait été fait directement ou indirectement quelque soustraction des titres, papiers et mobiliers de notre maison. »

De son côté, M. Rogue avait remis à la municipalité de Vannes la déclaration de son bénéfice personnel « de la chapellenie de la Boistellerie, en la cathédrale d'Angers, dont les biens sont situés dans la paroisse de Foudon (2). »

---

1. Les biens du séminaire étaient groupés sous les titres suivants : « lingerie », « vestiaire de chaque missionnaire », « bibliothèque et enfers » (le total des livres était de 4.070 volumes), « sacristies : du Vincen » et « du Hezo », « meubles gros et menus », « batterie de cuisine », « immeuble. » (*Arch. dép. du Morbihan*, L. 866.)

2. L'« Inventaire des déclarations de bénéfices situés dans l'arrondissement du district de Vannes, remises par la municipalité de Vannes au directoire dudit district, » mentionne au n° 11 la déclaration du séminaire de Vannes ; et, dans le même cahier, l'Inventaire des déclarations des bénéfices situés hors de l'arrondissement de Vannes, mentionne au n° 151 la déclaration « du sieur

A peine la Constituante eut-elle entre les mains les diverses déclarations formant comme un inventaire général des biens ecclésiastiques de France, qu'elle se hâta, par un décret (1), d'en enlever l'administration au clergé. Dès lors se poursuivit, au nom de la nation, la sacrilège dilapidation des biens de l'Église, que des spéculateurs sans conscience n'eurent pas scrupule d'acquérir à des prix presque toujours dérisoires.

Le 28 octobre 1790, l'Assemblée déclara, que parmi les biens « nationaux », qui devaient être vendus, elle comprenait «tous les biens des séminaires diocésains». Elle ajournait cependant la vente des « établissements destinés à l'instruction publique (2) », à la condition, spécifiée plus tard (3), que l'instruction y fût « publiquement et notoirement exercée à l'époque du 2 novembre 1789. » Par le décret du 28 octobre (4), « ceux qui régissaient les biens des séminaires diocésains » étaient obligés de « rendre leur compte de régie de la présente année, le 1er janvier 1791, au directoire du district de leur établissement, pour, sur son avis, être arrêté par le directoire du département. »

Rogue, prêtre missionnaire, titulaire de la chapellenie de la Boistellerie en la cathédrale d'Angers, dont les biens sont situés dans la paroisse de Foudon, diocèse d'Angers. » (*Arch. dép. du Morbihan*, L. 1489.)

1. Décret des 14 et 20 avril 1790, art. 1er : « L'administration des biens, déclarés par le décret du 2 novembre dernier, être à la disposition de la nation,... sera confiée aux administrations de département et de district, ou à leurs directoires... » Art. 2 : « Dorénavant, et à compter du 1er janvier de la présente année, le traitement des ecclésiastiques sera payé en argent aux termes et sur le pied qui seront incessamment fixés... » — Ce traitement fut fixé par le décret du 12 juillet 1790 sur la constitution civile du clergé, titre III, et par d'autres décrets subséquents.

2. Décret du 28 octobre 1790, titre I, art. 1.

3. Décret du 3 décembre 1790.

4. Titre I, art. 12.

M. Le Gal, vers le 12 décembre 1790, envoya donc au district de Vannes un état des biens et du personnel de sa maison (1) pour la présente année. « La recette, écrivait-il, monte à la somme de . . 7340¹

La dépense monte à la somme de . 9576¹ 7ˢ 9ᵈ

Par conséquent la dépense excède la recette de. . . . . 2336¹. 7ˢ 9ᵈ. »

« Aussi, ajoutait-il, les directeurs n'ont jusqu'ici pu percevoir leurs droits en entier, et se sont bornés à recevoir environ deux mille livres... » Puis, après avoir donné l'état du personnel, avec l'âge de chacun et ses états de service dans la maison (2), il rappelait avec insistance que la direction du séminaire appartenait depuis 1701 aux Prêtres de la congrégation de la Mission, et que les quatre directeurs prêtres, le clerc « coadjuteur de la procure » et les deux frères étaient membres de cette congrégation séculière.

Il envoya en même temps la déclaration des revenus et des charges de l'église du Mené. Au lieu des trente-six livres de revenus annuels, que lui versait la fabrique, « il espérait de Messieurs les administrateurs du district un traitement plus honnête pour l'année 1790 et les suivantes (3). » Le district, par délibé-

1. *Arch. dép. du Morbihan*, L. 866.

2. V. *Pièces justificatives et Notes*, n° VI.

3. « Déclaration de ses revenus et charges, que fait à Messieurs du district de Vannes Jean Mathurin Le Gal, recteur de Notre-Dame du Méné.

» Le recteur de Notre-Dame du Méné n'a d'autres revenus fixes que trente-six livres payées chaque année par la fabrique. Il gouverne cette paroisse depuis le 12 novembre 1781. Il s'est jusqu'ici contenté de ce petit honoraire ; il espère de Messieurs du district un traitement plus honnête pour l'année 1790 et les suivantes.

» Les charges dudit bénéfice, sçavoir 200 l. de rente annuelle due au chapitre de Vannes, les décimes, les droits de censeaux et ques-

ration du 28 décembre, détermina à 1.200 livres « le traitement à accorder, la population n'étant pas de mille âmes (1). »

Quelques semaines plus tard survint la malheureuse affaire de la prestation du serment à la constitution civile. Le séminaire qui avait déjoué, grâce surtout à M. Rogue, les criminels desseins des impies, méritait un châtiment : il fut condamné à être dépouillé de ses biens.

La sentence était illégale ; car ce séminaire était chargé de « l'instruction publique » de la théologie, comme le déclarait le principal du collège par un certificat du 9 mars 1791 (2). C'est le premier argument que faisait valoir M. Le Gal dans une lettre du 31 mars (3) : « Quant à l'administration de nos biens, je crois que suivant les décrets, elle nous appartient encore. Je sais que les biens des séminaires diocésains doivent, depuis le 1er janvier (4), être vendus ou administrés par les directoires. Mais notre séminaire n'est pas seulement diocésain, il est chargé de l'instruction publique... » Il ajoutait cet autre argument : « L'Assemblée n'a pas réglé le sort des congrégations séculières. On ne peut donc nous ôter l'administration de nos biens, on ne

taux [qui étaient des droits particuliers au chapitre de Vannes] et autres sont acquittés par le séminaire de Vannes.

» Je certifie la présente déclaration. A Vannes, ce 12 décembre. 1790.

» [Signé :] Le Gal, recteur de N.-D. du Méné. »
(*Arch. dép. du Morbihan*, L. 1488).

1. *Arch. dép. du Morbihan*, L. 1488.

2. V. plus haut, p. 33, note **2**.

3. *Arch. dép. du Morbihan*, L. 866.

4. Décret du 28 oct. 1790, tit. I, art. 27.

LE SÉMINAIRE DE VANNES DE 1680 A 1864

(D'après une photographie de 1864, reproduite dans *Catherine de Francheville*, page 304.)

peut donc ni les vendre, ni les affermer (1)... »

La conclusion de la lettre était celle-ci : « Sur ce, je demande : 1° que la somme de 1200 l. (2), perçue en 1790 par le receveur des décimes, nous soit payée ; 2° que la somme de 320 l. pour les constituts sur le Clergé (3) et celle de 60¹ 14ˢ sur les tailles nous soient aussi payées; 3° qu'il nous soit alloué un traitement honnête pour les six premiers mois (de) 1791; 4° que nos droits à l'administration du temporel et du spirituel demeurent intacts jusqu'à la décision de l'Assemblée nationale. 5° Si on nous prive de nos droits, il est juste au moins de nous décharger des obligations, de donner

1. M. Le Gal aurait pu encore s'appuyer sur le décret du 28 octobre 1790, titre I, art. 8 : « Sont aussi compris dans ledit ajournement [de la vente], les biens possédés par les religieux voués au soulagement des pauvres, *ainsi que ceux des congrégations séculières...* » Art. 13 : « Les biens... des collèges et de tous les autres établissements d'enseignement public, administrés par des ecclésiastiques et des corps séculiers, ou *des congrégations séculières,...* continueront, jusqu'à ce qu'il en ait été autrement ordonné, d'être administrés comme ils l'étaient au 1ᵉʳ octobre présent mois, lors même qu'ils le seraient par les municipalités qui auraient cru devoir se charger de les régir... »

M. Le Gal se borna à citer les faits suivants : « Aussi la municipalité de Paris ayant d'abord mis en vente les biens de nos maisons de cette ville, ayant ensuite averti les fermiers de ne payer qu'à elle, sur la représentation de nos confrères, elle a déclaré s'être trompée. Je sais qu'en quelques départements les directoires ont été moins justes, que devançant les décrets spoliateurs, ils se sont emparés de l'administration des biens de nos confrères, mais alors même ils ont cru de voir leur donner quelques dédommagements. Ainsi le département de la Meurthe, pour nos confrères de Toul, et celui du Finistère pour les missionnaires de Sᵗ-Pol de Léon, ont réglé que chacun d'eux auroit les meubles de sa chambre, et un traitement de 40 louis. Nous traitera-t-on plus mal ici que partout ailleurs ? nous dépouillera-t-on sans assigner de dédommagement ?... »

2. C'était le produit d'une rente sur le Clergé du diocèse de annes.

3. C'était la rente d'un constitut de 8.000 l. sur le Clergé de France.

Pierre-René Rogue. 5

à chacun un couvert d'argent, les meubles, linges et hardes à son usage et de lui assigner un traitement de 40 louis, dont 20 payés sur-le-champ. Je ne vous parle pas de ce que chaque missionnaire peut avoir en propre. Il est, comme tous les autres citoyens, le maître d'en disposer comme et quand il le voudra... »

Le district répondit le 16 avril (1), sur le premier chef, que les 1200 livres seraient payées par le receveur du district ; sur le deuxième, que le supérieur des Lazaristes eût à se pourvoir ; sur le troisième, qu'il lui serait provisoirement alloué un traitement de 1000 livres, à chacun des trois autres prêtres celui de 800 livres, et 400 livres à chaque Frère lazariste.

Malgré les justes représentations du supérieur, quatre jours après, commença la vente des biens du séminaire (2). L'enseignement cessa d'être donné dans la maison le 24 avril ; et le 30, le département, de sa seule autorité, en vertu de la constitution civile du clergé (3), supprima la paroisse de Notre-Dame du Mené, en même temps que celle de Saint-Salomon. Ainsi les Prêtres de la Mission de Vannes, après leur évêque, eurent l'honneur de souffrir la persécution pour le nom de Jésus-Christ.

Au milieu de ces difficultés, la Providence leur avait

---

1. *Arch. dép. du Morbihan*, L. 866.

2. « Le 20 avril 1791, la maison dite pavillon Gambert, située rue du Mené, et son verger, furent adjugés au sieur Dupré pour la somme de 1.850 livres ; le pré, situé derrière le pavillon, fut vendu le 20 mai suivant, au sieur Pério pour 6.400 livres ; la campagne du Vincin, avec la chapelle, le jardin et la métairie, fut adjugée, le 28 septembre de la même année, à M. Le Corgne, pour 24.000 livres. Le prieuré des Saints, avec ses dépendances, fut réservé pour plus tard. Le séminaire ne fut pas aliéné, parce que l'évêque constitutionnel pouvait en avoir besoin... » (*Le séminaire de Vannes*, par M. Le Mené, p. 230).

3. Décret du 12 juillet 1790, titre I, art. 16.

ménagé une douce joie. Dans les derniers jours de mars, la diligence amenait à Vannes M. François-Régis Clet, directeur du séminaire interne de Saint-Lazare; brûlant du désir de travailler au salut des infidèles, ce « sujet accompli, » qui « réunissait tout ce qu'on peut désirer : piété, science, santé (1), » se rendait à Lorient, afin de s'embarquer pour la Chine (2), avec deux autres missionnaires; il allait bien loin chercher le martyre (3). Pendant le relais de la poste, il put embrasser ses confrères du séminaire de Vannes ; l'un d'eux, lui aussi, pieux et savant, parmi les impies de la Révolution, plus sanguinaires que les payens du Céleste Empire, allait bientôt, dans sa ville natale même, gagner la palme des héros de Jésus-Christ et précéder son Bienheureux frère dans la phalange des Martyrs.

1. Lettre de M. Daudet, Procureur général de la Congrégation de la Mission. (V. *Vie du Bienheureux François-Régis Clet*, par Mgr Demimuid, p. 64.)

2. Le départ, qui devait avoir lieu le 2 avril, fut retardé jusqu'au 12 par les vents contraires.

3. Il fut martyrisé le 17 février 1820, et béatifié par Léon XIII en 1900 ; le bref de béatification est daté du 17 mai.

CHAPITRE VIII

L'EXPULSION

(1792)

Dépouillés de leurs revenus, les directeurs du séminaire de Vannes, pour se procurer des ressources, furent réduits à revendiquer les droits que la loi leur reconnaissait encore. A l'exemple de son supérieur, M. Rogue adressa une requête aux administrateurs du district de Vannes :

« Messieurs,

» Au mois de novembre 1789, j'ai été chargé des fonctions curiales dans la paroisse de Notre-Dame du Menez. Je crois que les décrets m'autorisent à percevoir un traitement pour 1790. Je vous prie de me faire expédier l'ordonnance de paiement. Je n'ai eu droit pendant cette année qu'à percevoir un casuel de 5^l 12^s.

» Vous avez fixé mon traitement à 800^l ; comme l'église du Menez n'a été fermée que le dernier jour d'avril, je vous prie d'ordonner que le traitement relatif aux quatre premiers mois me soit payé.

» J'ai l'honneur d'être avec respect,

   » Messieurs,

» Votre très humble et obéissant serviteur

» [Signé :] Rogue, prêtre Miss[ionnaire].

» Vannes, ce 10 mai 1791 (1). »

Deux jours après, le directoire du district émit l'avis « que le trésorier du district fût autorisé à payer au sieur Rogue : 1° pour l'année 1790, sept cent quatre-vingt quatorze livres huit sols, déduction faite des cinq livres douze sols, qu'il reconnoit avoir reçus ; 2° deux cent soixante-six livres treize sols quatre deniers, pour quatre mois de son traitement de 1791 (2). »

Comme l'écrivait M. Rogue, le département, sur l'avis du district, avait en effet fixé à 800 livres son traitement en qualité de vicaire du Mené ; le registre intitulé « Fixation par le directoire du département du Morbihan, du traitement de tout le clergé séculier et régulier des neuf districts de ce département : 1791 (3) » en fait foi. Mais, d'après une délibération du 19 mai 1791 (4), il ordonna au receveur du district de Vannes de payer « au sieur Rogue, vicaire du Mené,

---

1. *Arch. dép. du Morbihan*, L. 1489. L'adresse est écrite sur la quatrième page en ces termes : « A Messieurs, Messieurs les Administrateurs du district de Vannes, à Vannes. »

2. Cet avis, transcrit sur la deuxième page de la lettre de M. Rogue, est signé : Bernard, Jacques Glais, Brulon, Rollin proc. syndic, et un nom illisible.

3. *Arch. dép. du Morbihan*, L. 116, fol. 6 v°. Un autre cahier intitulé : « Traitement du clergé régulier et séculier du district de Vannes » donne les mêmes indications *(Ibid.,* L. 1488).

4. *Arch. dép. du Morbihan*, L. 74, registre des « Délibérations et arrêtés généraux du directoire du département, du 23 mars au 28 juillet 1791 », fol. 87.

les sommes de 694^l 8^s et 266^l 13^s 4^d, pour reste de son traitement de 1790, à raison de 700 livres, et pour quatre mois de son traitement échu le 30 avril dernier, époque de la suppression de la paroisse. »

Ce n'était pas l'amour des richesses, qui avait porté M. Rogue à réclamer aux autorités civiles ses droits sur les biens du séminaire de la Mission de Vannes injustement confisqués ; son âme, parfaitement unie au souverain Maître, était élevée au-dessus de ces intérêts périssables ; lui-même le laisse entrevoir dans une lettre aux administrateurs du district, relative à son bénéfice de la cathédrale d'Angers, dont la Révolution l'avait spolié.

« Messieurs,

» La judicieuse observation que vous avez eu la bonté de faire à mon sujet, et que mon intérêt auroit dû vous exempter, me met dans le cas de vous demander deux années, n'ayant rien touché en quatre-vingt dix. Néanmoins j'ai écrit à Angers pour obtenir du directoire un certificat par lequel il conste que les revenus de cette année, ainsi que ceux de celle-ci ont été versés dans la caisse publique. Si ce certificat est jugé nécessaire, j'attendrai qu'il me soit parvenu pour répéter à messieurs les administrateurs la supplique que j'ai eu l'honneur de leur présenter.

» Leur très humble et obéissant serviteur,

» [Signé :] Rogue, prêtre miss[ionnaire]. (1) »

---

1. *Arch. dép. du Morbihan*, L. 855. Elle est adressée « à Messieurs, Messieurs les admistrateurs du district de Vannes, à Vannes.» Elle n'est pas datée. D'après les données qu'elle renferme, et celles que fournit la délibération du département du Morbihan du 17 août 1791, on peut dire qu'elle a été écrite vers le mois de juin 1791.

Le directoire du département régla celte affaire par une délibération du 17 août 1791 (1) :

« Sur la déclaration faite au district de Vannes par le sieur Rogue, prêtre missionnaire, demeurant à Vannes, portant qu'il est titulaire de la chapellenie de la Boistellerie, qui se dessert dans la cathédrale d'Angers, et dont les biens sont situés dans la paroisse de Foudon ; que les biens de ce bénéfice consistent en une petite maison, deux pièces de terre et une petite taille ; le tout affermé cent deux livres ; que les charges sont environ vingt-quatre livres pour décimes, trente messes par an, et les réparations évaluées à six livres.

» Vu le certificat du district d'Angers du 15 juin dernier, portant que cette déclaration est véritable ; et l'avis du district de Vannes du 5 juillet aussi dernier.

» Le directoire, ouï le procureur général syndic fixe le traitement du sieur Rogue à quatre-vingt seize livres dix-huit sous, diminution faite d'un vingtième pour les réparations, à la charge de continuer le desservice de la fondation (2). »

1. *Arch. dép. du Morbihan*, L. 115, registre du «Traitement du clergé séculier et régulier, 2 mars 1791 au 3 octobre 1793, » fol. 6 v° et 7. La délibération est signée : Faverot, Gillet, Bigarré, Regnier, Le Goaësbre.

2. M. Rogue dut écrire plusieurs fois au district de Vannes pour toucher les différents quartiers de son traitement.

a) Lettre du 28 septembre 1791 :

« Messieurs,

» Vu l'arrêté du département du Morbihan du 17 août 1791, lequel fixe à la somme de quatre-vingt seize livres dix-huit sous le traitement dû au titulaire de la chapellenie de la Boistellerie, qui se dessert dans la cathédrale d'Angers, et dont les biens sont situés dans la paroisse de Foudon,

» Le soussigné titulaire vous prie d'ordonner que ladite somme lui soit payée pour la présente année et la précédente, dont les revenus ont été versés dans la caisse publique, ainsi que l'avait

Pendant que M. Rogue revendiquait les droits de la justice, afin de pourvoir à l'honnête subsistance de la petite communauté du séminaire de Vannes, l'évêque constitutionnel, Le Masle, installé le 22 mai,

avancé ledit soussigné, et que le certifient les administrateurs du directoire du district d'Angers, le susdit titulaire établissant sa mère procuratrice à cet effet.

» Votre très humble et obéissant serviteur,

» Messieurs

» [Signé :] Rogue, prêtre Miss[ionnaire].

» Vannes, ce 28 septembre 1791. »

La lettre est adressée « à Messieurs, Messieurs les Administrateurs du directoire du district de Vannes, à Vannes. »

b) Lettre du 10 décembre 1791 :

« Messieurs,

» Vu l'arrêté du directoire du département qui fixa au mois d'aoust dernier à quatre-vingt dix-huit livres dix-sept sous le traitement à moi dû pour le remplacement des revenus de la chapellenie de la Boistellerie, dont je suis titulaire, je vous prie d'ordonner que le dernier quartier de la présente année me soit payé, comme vous l'avez déjà ordonné pour l'année mil sept cent quatre-vingt dix, et les trois premiers quartiers de la présente.

» Votre très humble et obéissant serviteur,

» Messieurs,

» [Signé :] Rogue, prêtre missionnaire.

» Vannes, ce 10 décembre 1791. »

L'adresse est libellée de la même manière que sur la lettre précédente.

Ces deux lettres sont aux *Arch. dép. du Morbihan*, L. 855.

Un registre des « Traitemens des Ecclesiastiques » payés par le « District de Vannes », fol. 109, indique les paiements faits par « trimestres » en 1791 et 1792, les « dates de l'ordonnance des payements », et les « sommes payées par trimestre » à « M. Rogue, titulaire de la chapellenie de la Boistellerie », dont le « traitement » est de « 96ˡ 18ˢ » (*Arch. dép. du Morbihan*, L. 1491.)

Un autre registre « pour servir à porter les différentes époques, auxquelles se feront les payements du traitement des Ecclesiastiques fonctionnaires publics, des titulaires de bénéfices.... », au fol. 178 vᵒ, fait connaître que « le Sʳ Rogue, titulaire de la chapellenie de la Boistellerie qui se dessert dans la cy-devant cathédrale d'Angers, reçut « à la charge de continuer le desservice de la fondation, » le 1ᵉʳ octobre 1791, le traitement entier de 1790,

essayait péniblement d'organiser le schisme (1). Il avait
été très mal accueilli par la population vannetaise,
dont « le fanatisme, écrivait le directoire du département (2), est au point qu'on fuit la messe d'un ex-
religieux ou d'un prêtre citoyen, qui a prêté serment.
On a même des gens apostés, qui ont la charité d'avertir ceux qui se présentent pour assister à la messe de
nos ecclésiastiques patriotes ; aussitôt on déserte, on
tourne le dos avec affectation. Nos temples sont
chaque jour témoins de ces scènes scandaleuses ,
elles font fermenter les esprits, alimentent le fanatisme
et préparent à la révolte. Des peines sévères, nous

savoir 98¹ 18ˢ, et les 3 premiers trimestres de 1791, établis à 24¹ 4ˢ 6
chacun ; le 12 décembre, le 4ᵉ trimestre de 1791 ; le 7 janvier 1792,
le « 1ᵉʳ quartier de 1792 » ; le 1 avril, le « 2ᵉ terme de 1792 » ; et le
1ᵉʳ juillet, « le 3ᵉ terme » de cette même année. (*Arch. dép. du
Morbihan*, L. 117.)

1. « En somme, on trouve 80 paroisses ou communes, envahies
par les [curés] intrus à diverses époques ; en y ajoutant une tren-
taine de vicaires, on voit que le chiffre total des jureurs ne dépas-
sait guère une centaine. Les prêtres fidèles étaient au nombre d'environ mille. » (*Hist. du diocèse de Vannes*, par M. Le Mené, t. 2,
p. 269.)

2. Lettre du 2 mai 1791.
Dans sa brochure *Du Fanatisme dans la langue révolutionnaire ou
de la Persécution suscitée par les Barbares du dix-huitième siècle
contre la religion chrétienne et ses ministres* (Paris, Migneret, an 5
= 1797, 2ᵉ édition), p. 7, Laharpe, de l'Académie française, fait
connaître ce que les persécuteurs entendaient par fanatisme. « J'ai
dit ce qu'était le fanatisme dans la langue du bon sens... Il fallait
bien que dans la langue inverse, appelée *révolutionnaire*, il fût tout
autre chose. Voici donc ce qu'il a été, ce qu'il est, et ce qu'il sera
dans cette langue monstrueuse... : Le fanatisme est la croyance à
une religion quelconque, l'attachement à la foi de ses pères, la
conviction de la nécessité d'un culte public, l'observation de
ses cérémonies, le respect pour ses symboles ; enfin cette déférence
réciproque, qui est de tous les peuples policés, et qui les oblige res-
pectivement à ne violer nulle part les signes extérieurs de la
religion. Voilà le fanatisme. Quiconque en est atteint est un ennemi
public et doit être exterminé. ».

disons même capitales, peuvent seules faire cesser cette rébellion ouverte contre la loi. »

Mais alors, au témoignage de l'abbé Barruel (1), « les impies se joignant aux intrus pour rendre l'apostasie générale, craignirent de faire des martyrs... Condorcet, pour satisfaire à la fois et sa haine et son philosophisme, émule de Julien l'Apostat, suggéra d'autres moyens, qu'il appeloit de simple ridicule : au lieu des piques, il conseilla les verges. Paris donna l'exemple, et les provinces le suivirent. La flagellation des femmes catholiques devint une espèce de mode... »

A Vannes cependant, on n'osa pas user de si odieux traitements ; mais la persécution sévit durement contre les communautés fidèles. La sœur Maltret, supérieure des Filles de la Charité de Saint-Vincent de Paul d'Hennebont, qui, avec ses compagnes, avait refusé le serment, chassée successivement de l'hôpital, de la ville, et enfin de Belle-Isle-en-Mer, racontait plus tard (2) : « Nous comptions revenir passer la nuit tranquilles à Vannes. Mais, nouvelles alarmes : nos sœurs [de l'hospice de la Garenne] étaient elles-mêmes bien tourmentées, et menacées d'être promenées le lendemain sur des ânes, et livrées à la risée de la ville (3). Il nous fallut donc repartir au plus vite... »

1. *Histoire du Clergé pendant la Révolution françoise* (Londres, 1793), p. 105.

2. Relation publiée dans les *Annales de la Congrégation de la Mission*, t. 58, p. 495.

3. Ce nouveau mode de persécution n'était pas une invention des intrus de Vannes. En effet, d'après l'abbé Barruel, lorsque les lettres apostoliques de Pie VI, du 13 avril 1791, eurent été publiées, les Jacobins, « au jardin du Palais-Royal, à Paris, et dans diverses autres villes, promenèrent sur des ânes un mannequin habillé en pape, portant les nouveaux brefs ; après les outrages les plus gros-

Les prêtres qui avaient refusé le serment, n'étaient pas moins persécutés que les religieuses. A l'exemple de leurs collègues de Nantes, d'Angers, de Brest, les administrateurs du Morbihan prescrivirent, le 1er juin, des mesures de surveillance et firent enfermer à Lorient et à Port-Louis une quarantaine de prêtres, dénoncés comme perturbateurs de l'ordre public.

Cependant l'évêque constitutionnel du Morbihan n'était pas satisfait de ce zèle révolutionnaire ; ce schismatique osait écrire, le 1er août, au département (1) :

« Ne pourriez-vous pas, Messieurs, pour arrêter l'incivisme, les menées sourdes et l'invincible résistance des prêtres réfractaires..., leur ordonner de se retirer tous, séculiers et réguliers, au Port-Louis, par exemple, sous peine d'y être conduits par force ? C'est, je crois, l'unique moyen de rétablir le calme, de rallier le peuple à la constitution, et de la consolider.

» Ils trament, tiennent le peuple éloigné des églises, les empêchent d'entendre la messe même, sans la dire eux-mêmes, parce que les églises sont fermées, excepté la paroissiale ; ils le rendront sauvage, ours et des lions furieux en cas de secousse ou soulèvement. Je ne vous en dit (*sic*) pas davantage : *pauca intelligenti...*

» Je vous prie de prendre ceci en bonne part et en considération. Si tout prêtre non assermenté étoit éliminé, le peuple seroit bientôt uni au pasteur et à la constitution, etc. On m'a dit que vous leur permettiez

siers, ils allumèrent un bûcher ; dansant autour des flammes et faisant retentir l'air de leurs blasphèmes, ils finirent par jeter dans le feu les brefs et la statue du Souverain Pontife. » (*Hist. du Clergé*, p. 100.)

1. *Arch. dép. du Morbihan*, L. 1488.

de dire la messe dans des chapelles, pendant qu'il y a des églises cathédrale, paroissiale : ha ! Messieurs, etc. »

Dans leur réponse du 4 août (1), les administrateurs du département rappelaient cet intrus à un peu plus de tenue et de modération. « On vous a trompé, écrivaient-ils, en vous disant que nous permettions aux prêtres non sermentés de dire la messe dans des chapelles. Nous avons continuellement les yeux ouverts sur leur conduite. Mais tous ceux qui ont refusé le serment ne sont pas perturbateurs de l'ordre public ; et il nous a toujours paru juste de distinguer les coupables de ceux qui se bornent au silence. Vous connaissez l'arrêté que nous avons pris à cet égard au mois de juin dernier. Nous le mettons journellement à exécution. Un très grand nombre est déjà hors du département. Mais on ne peut pas toujours croire aux bruits vagues qui se répandent... »

La Constituante, avant de clôturer ses séances, le 30 septembre 1791, ayant voté l'abolition de « toutes procédures instruites sur des faits relatifs à la révolution (2) », les prêtres emprisonnés furent mis en liberté ; pendant quelque temps ils purent jouir d'un peu de calme, mais de ce calme qui précède l'orage.

Dans le mois de décembre, le supérieur du séminaire fut averti de présenter à l'administration tous les comptes de la maison, même ceux qui concernaient les affaires de sa congrégation, en vue d'une prochaine expulsion. Il adressa aussitôt au district une pétition qui fut transmise au département le 21 décembre. Dès le lendemain, le directoire du Morbihan répon-

1. *Arch. dép. du Morbihan*, **L.** 1488.
2. Décret du 14 sept. 1791.

dit (1) : « Il n'y a lieu à délibérer sur ladite pétition,
et néanmoins [le directoire] arrête :

« 1° Que les Prêtres de la Congrégation de la Mission rendront incessamment compte de l'administration qu'ils ont faite jusqu'à ce jour des biens dépendant du séminaire.

» 2° Qu'il sera payé aux supérieur et directeurs dudit séminaire, depuis le 1er janvier 1791 jusqu'à l'époque où ils ont rempli leurs fonctions, le traitement qui leur est assigné par la loi du 5 janvier 1791.

» 3° Qu'ils pourront disposer, en quittant le séminaire, des meubles de leurs chambres, des hardes à leur usage et autres effets qu'ils prouveront avoir été à leur usage exclusif et personnel, à la charge de ne les enlever qu'après avoir prévenu la municipalité de Vannes, et sur la permission qu'elle en aura donné.

» 4° Arrête pareillement qu'il sera procédé de jour à autre, par des commissaires de la municipalité de Vannes délégués à cet effet, à l'inventaire exact et détaillé de tous les meubles et effets mobiliers dudit séminaire ; les scellés seront apposés sur les titres et papiers, et il sera établi un ou plusieurs gardiens pour la conservation desdits effets jusqu'à l'époque où M. l'évêque aura définitivement organisé son séminaire.

» Mande au district et à la municipalité de Vannes, de tenir la main à l'exécution du présent arrêté. »

Malgré les réclamations présentées par M. Le Gal au district le 29 décembre (2), malgré les démarches

1. *Arch. dép. du Morbihan*, L. 866.

2. M. Le Gal demanda au district : 1° que les comptes du séminaire fussent rendus dans la même forme et restreints aux mêmes biens que précédemment ; 2° que l'administration des biens fût conservée aux Missionnaires; 3° qu'il leur fût assigné un traitement provisoire ; 4° qu'aux meubles de leurs chambres on ajoutât

qu'il tenta avec M. Rogue auprès d'un administrateur, à l'occasion du premier de l'an (1), pour une heureuse solution des affaires du séminaire, le département déclara le 4 janvier 1792 (2), qu'il « persistoit dans son arrêté du 22 décembre dernier ; » néanmoins il décida « qu'indépendamment du traitement accordé aux supérieur et directeurs du séminaire depuis le 1er janvier 1791, jusqu'au jour où ils ont cessé l'exercice de leurs fonctions, ils jouiront provisoirement depuis cette dernière époque d'une pension de 500 livres chacun, et les deux frères servant actuellement au séminaire de la somme de 250 livres par an. »

Les commissaires de la municipalité allèrent au séminaire faire l'inventaire de la maison. Par une lettre du 21 janvier (3), l'administration communale avertis-

un couvert en argent ; 5° que ces dispositions fussent communes aux prêtres et aux frères.

Le même jour le district donnait son avis : « qu'il soit ordonné au pétitionnaire de rendre compte de l'administration, tant des biens appartenant au séminaire, que de ceux qu'il prétend appartenir aux prêtres de la Mission, sauf à rendre lesdits comptes dans telle forme qu'il lui conviendra ; qu'il doit être accordé à chacun desdits prêtres de la Mission qui dirigeoient le séminaire lors de sa dissolution un traitement provisoire de 500 livres, et à chacun des frères un traitement de 250 livres ; qu'au surplus il n'y a lieu à délibérer sur les autres chefs de ladite pétition. » Le lendemain, il fit passer au département son avis et la pétition du supérieur du séminaire.

1. Dans le dossier de cette affaire se trouve une lettre sans date de M. Le Gal, débutant en ces termes : « Monsieur, je me présentai hier avec M. Rogue, pour vous prier d'agréer nos vœux et heureux souhaits, et vous recommander nos affaires. » Le supérieur demande une prompte solution, et réclame une augmentation de traitement pour les frères coadjuteurs.

2. Toutes les pièces de ce dossier sont aux *Arch. dép. du Morbihan*, L. 866.

3. Voir *Pièces justificatives et Notes*, n° VIII.

sait le département que toute la bibliothèque avait déjà été portée au district ; puis elle exposait ses scrupules : que fallait-il entendre, d'après l'arrêté du 22 décembre, par « les hardes et autres effets à l'usage exclusif et personnel » des quatre missionnaires qu'elle allait à l'instant jeter sur le pavé ?

Le département donna une réponse immédiate (1) : « A l'égard même des prêtres, nous vous prions de suspendre toute délivrance d'effets jusqu'à ce que nous ayons statué définitivement sur une nouvelle pétition, qu'ils viennent de nous présenter. »

Aussitôt, contre toute légalité (2), les Prêtres séculiers de la Congrégation de la Mission, directeurs du séminaire de Vannes, furent mis à la porte de leur propre demeure. « Messieurs les Lazaristes, écrit l'abbé Tresvaux (3), étaient restés dans cette maison depuis l'arrivée de l'évêque intrus, avec lequel ils n'avaient aucune relation ; mais on ne put les y souffrir longtemps, et la municipalité de cette ville les en chassa à huit heures du soir, au mois de janvier 1792, circonstances qui ne pouvaient que leur rendre leur sortie plus pénible. Les partisans de la révolution se croyaient dispensés de toute convenance et de toute humanité à l'égard du clergé catholique. »

1. Voir *Pièces justificatives et Notes*, n° VIII.

2. Le décret de suppression des congrégations séculières fut rendu le 18 août 1792.

3. *Hist. de la persécution révolutionnaire en Bretagne*, t. 1, p. 340.

CHAPITRE IX

DÉNONCIATION

(1792)

Après son expulsion du séminaire, M. Rogue dut se retirer chez sa mère, qui avait alors cédé son magasin de commerce de la place des Lices, et demeurait dans la rue appelée maintenant des Tribunaux (1). Il attendit longtemps que l'autorité départementale voulût bien autoriser « la délivrance des meubles et effets » qui lui appartenaient. Le 5 mai seulement un arrêté fut rendu, qui ne réglait pas la question (2).

M. Rogue, « tant pour lui que pour ses confrères », adressa au district une pétition « tendante à ce qu'on déterminât quels meubles devaient leur être accordés en vertu de l'arrêté du directoire du département du 5 mai dernier. » A cette requête, transmise le 23 mai par le district, le département « persistant

1. La maison habitée par Mme Rogue porte le n° 11 ; elle est située sur la gauche de la rue, en allant vers l'Hôtel-Dieu.
2. Voir *Pièces justificatives et Notes*, n° IX, A).

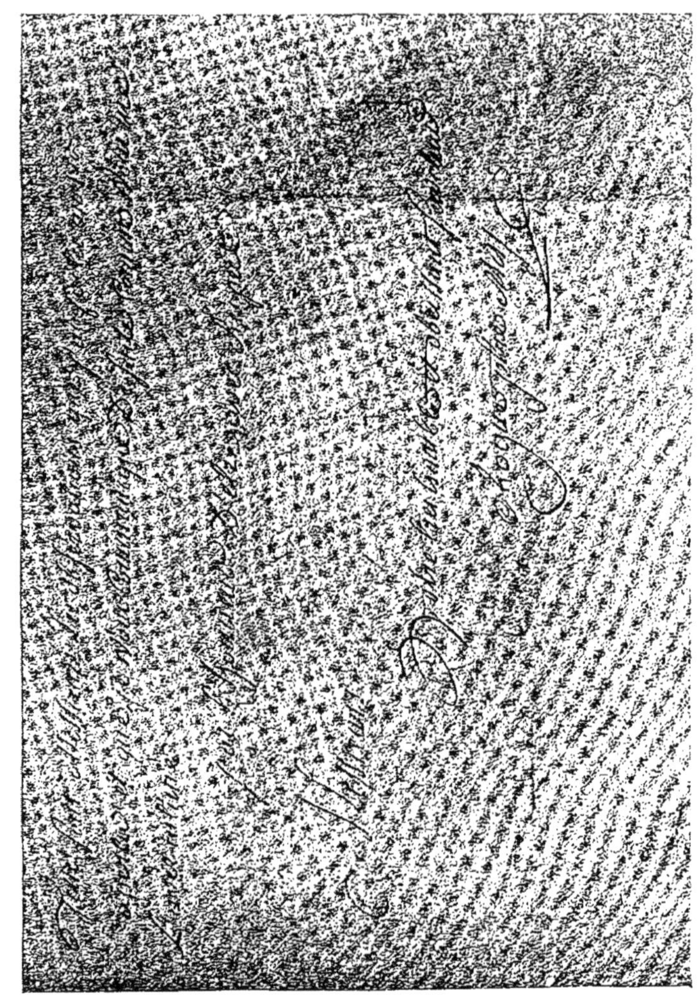

ÉCRITURE DE M. ROGUE

(Lettre du 13 août 1792 aux administrateurs du district de Vannes.)

dans ses arrêtés des 21 janvier et 5 mai », déclara le 14 juin « qu'il n'y avait lieu à délibérer (1). »

Un mois environ après ce déni de justice, il prétendit que M. Rogue, avec son supérieur, percevait indument un traitement comme directeur du séminaire et en même temps comme vicaire du Mené. « Nous ignorons, écrivait-il au district (2), qui a pu vous déterminer à expédier un double traitement sans nous consulter » ; et il recommandait à cette administration de poursuivre auprès des deux missionnaires la rentrée des sommes ordonnancées par erreur.

M. Rogue n'eut pas de peine à réduire à néant les difficultés de l'autorité départementale, que le district lui avait communiquées, en lui demandant d'y faire une prompte réponse. Sa lettre, qui montre son zèle à défendre les intérêts du séminaire, parce qu'ils sont ceux de Dieu et des prêtres, laisse voir sous une forme modérée et respectueuse une grande fermeté ; à la fin, fort de son droit foulé aux pieds, d'accusé il devient accusateur, et, avec une légère pointe d'ironie, ne blessant pas la charité, il réclame des spoliateurs les indemnités qui lui sont dues, même aux yeux de la loi ; il déclare en terminant qu'il n'a pas à faire le serment (3).

« Vannes, 13 aoust 1792.

» Messieurs,

» J'ai l'honneur de vous accuser la réception de votre dernière, jointe à la copie de celle du dépar-

---

1. Voir *Pièces justificatives et Notes*, n° IX, B).

2. Lettre du 11 juillet 1792. (*Arch. dép. du Morbihan*, L. 1488).

3. *Arch. dép. du Morbihan*, L. 1490. La lettre est adressée « à Messieurs, Messieurs les administrateurs du directoire du district de Vannes, à Vannes. »

Pierre-René Rogue.

tement concernant les traitements que j'ai reçus, et
d'y joindre mes observations.

» Je remarque en premier lieu, que c'est sans doute
par erreur de copiste qu'il est mis dans ladite lettre
qu'il m'a été donné pour les quatre derniers mois de
service, en qualité de vicaire, une somme de deux
mille soixante et quelques livres, le traitement de
vicaire n'étoit fixé par la loi qu'à 700 livres. D'ailleurs j'avois servi toute l'année, pourquoi ne m'auroit-
on payé que pour les quatre derniers mois, comme
il est marqué dans cette lettre ? De plus ce traitement
ne devant être payé qu'une fois pour tout, le titre
n'en subsistoit plus quand on m'a fixé un traitement
provisoire en qualité de professeur, puisque ce dernier ne nous a été accordé qu'en janvier 1792 et que
celui de vicaire m'a été payé en mai 1791.

» J'observe de plus que, s'il y a de la remise à faire,
il faut déduire 1° mon dernier trimestre de 125 livres
que vous avez refusé de m'expédier, ainsi qu'à M.
Le Gal, par ordre du département (1) ; 2° la somme
de 21 livres 2 sols 5 deniers, que le sieur Bachelot (2) a retenu pour complément de contribution
patriotique sur les 250 livres que l'on revendique.
Reste donc le mince objet de 100 livres. Et si vous
les opposez à la somme de 6.000 livres de reliquat,
que le département a reconnu nous être due (3), et qu'il

1. Le registre des « Traitemens des Ecclésiastiques » payés
par le « District de Vannes », au fol. 122, indique l'état des paiements, faits en 1791 et 1792, à M. Rogue, en qualité de directeur
dn séminaire. Voir la reproduction de cette page aux *Pièces
justificatives et Notes*, n° X.

2. Le sieur Bachelot était le receveur du district de Vannes
(*Arch. dép. du Morbihan*, L. 881)

3. Voir *Pièces justificatives et Notes*, n° IX, A) Arrêté du 5 mai
1792.

n'a pas encore payée, vous conclurez que je ne suis
pas en arrière, et que, s'il est quelqu'un contre qui
vous deviez faire des diligences, l'objet en est connu.

» J'ose même profiter de cette occasion, Messieurs,
pour vous représenter que j'ai droit de solliciter mon
traitement. Ce n'est pas à titre de fonctionnaire,
mais à titre d'indemnité qu'il m'est dû ; on a vendu
nos biens, malgré l'opposition du veto relatif aux
congrégations séculières, tandis qu'à Paris même,
St-Lazare jouit des siens. Puis donc qu'en vertu du
dernier arrêté les Religieux le recevront sans faire le
serment, pourvu qu'ils déposent leur habit, nous, qui
ne présentons pas la même *inconvenance*, aurons droit
de le recevoir sans serment, puisqu'il n'y a de diffé-
rence entre nous, qu'en ce que leurs biens n'ont été
vendus qu'en vertu de la loi, et les nôtres indépendamment et antécédamment à toute loi.

» Telles sont, Messieurs, les observations que j'ai
faites au premier aperçu, et que je vous communique
de suite, comme vous me l'avez intimé.

» J'ai l'honneur d'être avec respect,

    » Messieurs,

» Votre très humble et obéissant serviteur.

» [Signé] : Rogue, prêtre Miss[ionnaire]. »

Les dernières lignes de cette lettre relevaient une
insulte à l'habit religieux, insulte qui était un
écho bien affaibli des diatribes prononcées à la
tribune par les révolutionnaires de la Législative. Cette
assemblée nationale, ou mieux, suivant le mot de
Taine (1), ce « club », dominé par les Girondins alliés
aux pires démagogues, et plus encore par « la nation

1. Lettre à Mr Boutmy du 30 oct. 1876 (*Revue des Deux-Mondes*
du 15 avril 1907, t. 38, p. 770).

des galeries qui juge la nation du bas de la salle (1) », se distinguait surtout par sa haine du prêtre et du religieux. Ce sentiment, soufflé au peuple dès le début de la Révolution (2) par les émissaires des clubs, les chansonniers, les écrivains, à l'aide de brochures, de pièces de théâtre, d'ignobles caricatures, les Législateurs s'efforçaient de l'imposer à la nation par des lois.

A peine sont-ils réunis (3), qu'un député, le 4 octo-1791, réclame « des mesures rigoureuses contre les prêtres réfractaires. » Ceux-ci, au jugement de Gallois et de Gensonné, envoyés dans le Poitou en qualité de commissaires de la Constituante, sont « ou des égarés ou des factieux (4). » François (de Neufchâteau) les compare à des « reptiles », à des « serpents venimeux » ; pour les détruire, il fait voter d'enthousiasme, le 29 novembre, un décret les obligeant, sous peine d'être « suspects de révolte », à prêter un « serment civique », non moins condamnable que le serment hérétique de la constitution civile du clergé (5).

L'année suivante, le jour du Vendredi saint (6 avril), l'Assemblée décide la suppression des congrégations religieuses, « qui portent dans les campagnes et insinuent dans l'esprit des enfants le poison de l'aristocratie et du fanatisme. » Lagrévol, dans un langage bien digne des mœurs révolutionnaires, s'en prend surtout aux « congrégations de filles », cette « vermine

---

1. Taine, *La Révolution*, t. 2, p. 105.

2. Le 6 octobre 1789, pendant que la cohue des mégères et des bandits ramenait Louis XVI de Versailles à Paris, aux cris de : *Vive la nation ! à bas le tyran !* se mêlaient déjà ceux de : *A bas la calotte !* adressés aux prêtres.

3. Le 1ᵉʳ octobre 1791.

4. Rapport fait à l'Assemblée le 9 octobre 1791. (*Moniteur* du 10 nov. 1791, t. 10, pp. 329-330).

5. Cf. *Hist. du Clergé* par l'abbé Barruel, pp. 186-187.

qui désole les campagnes », ces « charlatanes » dont
« les établissements sont devenus le repaire et le
refuge impur de tous les prêtres réfractaires. » L'évêque intrus, Torné, s'acharne contre le costume religieux : « La police ne défend-elle pas les masques ? »
demande-t-il à ses collègues, qui « applaudissent »
son discours « à plusieurs reprises ». Enfin un député
de la région du Nord, dont le *Moniteur* tait le nom,
propose simplement « d'écraser le prêtre et le moine » ;
mais comme la salle murmure, il se reprend, en pro-
voquant des rires : « Quand je dis écraser, c'est-à-dire
déchirer l'habit (1). »

Le 5 mai (2), François (de Nantes) revient à la
charge contre les prêtres insermentés. « Partez, crie-
t-il, artisans de la discorde ! le sol de la liberté est
fatigué de vous porter... Oh ! quelle fête pour la liberté,
que le jour de votre départ ! quel triomphe pour les
patriotes ! quel soulagement pour la patrie, lorsqu'elle
aura vomi de ses entrailles le poison qui les dévore ! »
Un malheureux prêtre, Ichon, demande, le 23 mai (3),
de retirer aux réfractaires, qui sont « la cause des
troubles, qui agitent l'empire », la faculté de dire la
messe même dans leurs églises ; autrement, fait-il
observer à ses collègues, « vous plantez vous-même
l'arbre de l'aristocratie et du fanatisme sur le sol de
la liberté. »

Le 27 mai (4), pour conclure de longs débats,
l'Assemblée, considérant que « ces ecclésiastiques
n'ont pas la volonté de s'unir au pacte social, et que
ce serait compromettre le salut public, que de regar-

1. *Moniteur*, séance du 6 avril 1792, t. 12, pp. 60-63.
2. *Ibid.*, t. 12, p. 305.
3. *Ibid.*, t. 12, p. 475.
4. *Ibid.*, t. 12, p. 560.

der plus longtemps, comme membres de la société, des hommes qui cherchent évidemment à la dissoudre », décrète contre les prêtres insermentés la peine de la déportation.

Mais Louis XVI, qui voyait alors clairement le but de ces ennemis publics, avec une fermeté jusque-là inconnue, opposa son veto à tous ces iniques décrets. Pour arracher de force la sanction royale, la Révolution déchaîna, le 20 juin, contre les Tuileries, « les hordes mugissantes de l'anarchie (1). » Au péril de sa vie, le roi brava la tempête, résolu à mourir plutôt que de signer.

Déjoués dans leurs projets, les clubs essayèrent de forcer la main aux autorités départementales, pour obtenir la déportation des prêtres malgré le veto du roi. A Vannes, une pétition fut envoyée dans ce but au département ; les pétitionnaires avaient pris la précaution de dresser la liste des victimes. Le département, qui répugnait à ordonner une exécution en masse, chercha à connaître l'avis de la municipalité.

Celle-ci lui répondit par une lettre du 23 juin, « l'an 4e de la liberté (2) » : « La municipalité ne croit pas pouvoir répondre à la demande que lui fait le département sur le point de savoir quels sont, parmi les prêtres désignés dans la pétition, ceux dont le fanatisme est le plus dangereux. Car c'est évidemment dans le sein de la confiance la plus intime, dans l'ombre même du mystère, que les prêtres insinuent avec plus de succès leurs pernicieuses opinions. Tel paroit le plus tranquille qui agit le plus efficacement au détriment de la chose publique. Par cela même qu'il s'annonce exempt

1. *Histoire de France*, par Amédée Gabourd (Paris, Gaume, 1861) t. 18, p. 488.
2. *Arch. dép. du Morbihan*, L. 256.

de passions, son opinion n'en acquiert que plus de poids et de considération. Mais le signe certain d'un fanastisme dangereux est le refus de serment. Il faut ou réléguer sans ménagement tout prêtre assez insensé pour croire qu'on ne peut faire son salut en jurant d'observer les lois de son pays, ou se résoudre à n'avoir d'autre constitution que celle que les prêtres eux-mêmes voudront bien nous donner. Soyons sûrs qu'ils ont en main le plus terrible de tous les *veto*... »

Les officiers municipaux, qui commençaient leur lettre par des considérations sur le « mal contagieux » du fanatisme, admettaient en principe que devaient être « ségrégés » les fanatiques dangereux, ceux, par exemple, qui soutenaient l'opinion, « que l'on ne peut en sûreté de conscience acheter des biens ecclésiastiques nationaux »; puis ils émettaient cette singulière théorie de la tolérance : « Inutilement diroit-on que les opinions sont libres, qu'on peut tolérer toutes les opinions. Non, il ne doit y avoir de tolérance que pour les opinions qui ne sauroient nuire à la société... »

Les patriotes de Vannes voulaient une mesure radicale et prompte ; ils adresssèrent donc le 26 juin de nouvelles instances au département (1) :

« Messieurs, ce n'est ni par esprit de parti, ni par haine, ni par zèle inconsidéré pour les intérêts publics, que nous venons vous demander pour la seconde fois, et en plus grand nombre, la déportation des prêtres insermentés. Nous ne leur en voulons point, nous avons pesé les suites d'un pareil acte de justice, et nous ne connaissons de parti que celui qui se trouve lié à celui de la constitution, au vôtre et au

---

1. *Arch. dép. du Morbihan*, L. 256.

bien général. Mais l'expérience démontre que les prêtres rebelles à la loi ne sont entourés que de mauvais citoyens, que la plupart de ceux-ci n'ont d'opinion que celle des prêtres qui les dirigent, qu'ils attendent la contrerévolution, qu'ils refusent les assignats, qu'ils craignent de se rendre acquéreurs des biens nationaux, qu'ils paralysent, énervent l'État, et ont été même jusqu'à se tourner contre la constitution... »

Le moyen de remédier à ces maux, concluent-ils, « est visiblement le même que celui employé par les autres départements dans des circonstances encore moins graves que [pour] le nôtre, c'est le même sans doute, que demande la France déchirée de tous côtés par des prêtres aveugles ou méchants, et ce moyen est la déportation des prêtres, que nous vous demandons. Ces prêtres sont particulièrement les sieurs... (1) » Suivent les noms de cinquante-cinq ecclésiastiques, prêtres séculiers et réguliers, diacres, sous-diacres, minorés, même simples tonsurés, et un certain Jego, appelé « commissionnaire des prêtres ». Dans ce nombre figurent MM. Le Gal, Rogue, Liard, Lucas, prêtres de la Mission. La pétitition porte les signatures de quarante-sept citoyens.

La Révolution, qui avait manqué son coup le

---

1. MM. « Le Guennec, Le Rouzic, Le Ficher, Legal, Grignon, Gousset, Cornu dit père Aman, Grinne, Lefranc, Sermenson, Feutraye, *Rogue*, Couvet clerc tonsuré, Prouleau idem, Dano sous-diacre, Caradec ancien recteur, Launay directeur de la Retraite, Launay tonsuré, Denis, Lemaitre, De la Villeloy, Gaud acolyte, Tatibouet sous-diacre, Jehanno ancien régent, les deux Ray carmes, Dufouné d'Auzon, Danilo, Kerbart chartreux, Galo, Jouhel, Tabourdet tonsuré, Liard, Croisier, Lucas lazariste, Colober, Guyot, Mahé, Collet, Camaret, Lodeho tonsuré, les deux Morio cadets, Kerhouent, Daumières, Lacorbière, Dupont, Fourneau, Bezier, Chauveaux, Malherbe, Basset diacre, Papot tonsuré, Le Roux, Jego commissionnaire des prêtres, Blanchard. »

20 juin, décida d'en finir avec la royauté le 10 août. La sinistre Commune de Paris, dont celle de 1871 fut une réédition heureusement comprimée, ameuta contre les Tuileries toute la populace, jusqu'à la lie de la société, renforcée par des bataillons venus de Marseille et de Brest. Louis XVI et la famille royale, qui s'étaient réfugiés au sein de l'Assemblée nationale, siégeant dans le Manège au jardin des Tuileries, y demeurèrent prisonniers, puis furent enfermés au Temple.

Le 10 août, les Législateurs, après avoir fait le serment de maintenir la liberté et l'égalité, décrétèrent que le roi « était suspendu de ses fonctions, jusqu'à ce que la Convention nationale ait prononcé sur les mesures qu'elle croira devoir adopter pour assurer la souveraineté du peuple et *le règne de la liberté et de l'égalité* (1). »

Désormais souverains absolus, ces députés, « considérant qu'un État vraiment libre ne doit souffrir dans son sein aucune corporation, pas même celles qui... ont bien mérité de la patrie », décrétèrent, le 18 août, l'anéantissement des corporations ou congrégations religieuses et la disparition « à jamais de tous les costumes qui leur étaient propres. »

Le 26 août, ils assouvirent enfin leur haine contre les prêtres insermentés ; pour se « débarrasser (2) » de « cette peste publique (3) », ils les condamnèrent à s'exiler dans la quinzaine, ou à être déportés à la

---

1. Décret du 10 août 1792, relatif à la suspension du pouvoir exécutif, art. 2.

2. « Qu'on s'en débarrasse, sans pouvoir les craindre ! » (Discours de Cambon ; v. *Moniteur*, séance du 23 août 1792, t. 13, p. 516).

3. « Ce serait blesser la morale des nations, que d'empoisonner nos voisins de cette peste publique. » (Discours de Lacroix : v. *Moniteur*, séance du 23 août 1792, t. 13, p. 515.)

Guyane; les infirmes et les sexagénaires devaient être « réunis au chef-lieu du département dans une maison commune », sous la surveillance de la municipalité.

A Vannes, M. Le Gal hésitait à prendre la fuite; à son titre de supérieur du séminaire était attaché celui de curé de la paroisse du Mené, dont il avait par conséquent charge d'âmes. M. Rogue lui fit observer qu'il ne convenait pas que tous se sacrifiassent en même temps. « Pour moi, lui dit-il, je suis déterminé à ne point quitter la ville ; je me chargerai volontiers de la paroisse du Mené ; si plus tard je deviens victime de la Révolution, vous verrez ce que vous aurez à faire, pour venir en aide à votre troupeau. »

M. Le Gal accepta cette proposition et partit pour l'Espagne avec un grand nombre d'ecclésiastiques du diocèse.

A partir de ce moment, pour remplir sa charge pastorale, M. Rogue dut emprunter un costume séculier et mener, au milieu des siens, la vie d'un proscrit.

La nouvelle des massacres des 2 et 3 septembre et jours suivants, ne tarda pas à être connue dans les provinces. Les généreux confesseurs de la foi virent alors s'ouvrir l'ère de la persécution sanglante, que le Pape Pie VI faisait annoncer en ces termes aux évêques de ses États pontificaux (1) : « Le feu de la persécution, qui vient tout récemment de se rallumer à Paris et en province, avec plus de fureur que jamais, a augmenté le nombre des illustres confesseurs, qui ont si bien mérité de notre sainte religion, et a grossi en France le chœur des martyrs. »

1. Lettre du 10 octobre 1792 (*Brefs de Pie VI*, t. 2, 346.)

CHAPITRE X

" LE RÈGNE DE LA LIBERTÉ ET DE L'ÉGALITÉ "

(1792-1794)

Nous ne vous donnerons pas le martyre, disaient avec ironie les Constituants aux évêques qui repoussaient les sacrilèges machinations de l'Assemblée contre la religion. Les insensés ! ils ne savaient donc pas qu'en détruisant la religion, ils supprimaient « la grande paire d'ailes indispensables pour soulever l'homme au-dessus de lui-même, au-dessus de sa vie rampante et de ses horizons bornés », et qu'alors si « l'homme se faisait payen, comme au premier siècle, du même coup il se retrouvait tel qu'au temps d'Auguste et de Tibère, c'est-à-dire voluptueux et cruel ; ... l'égoïsme brutal ou calculateur reprenait l'ascendant ; la cruauté et la sensualité s'étalaient, la société devenait un coupe-gorge et un mauvais lieu (1). » La pauvre France, hélas ! allait en faire la plus terrible expérience.

1. Taine, *Les origines de la France contemporaine : Le régime moderne*, 2e édit. in-8, t. II, p. 118.

Le nouveau régime, que la Convention (1), ce « club plus violent » que la Législative, « lui-même dominé par un club plus violent, la Commune (2), baptisait du nom de « République française » (3), avait été inauguré le 10 août par l'institution et la prestation d'un nouveau serment civique, dit de la liberté et de l'égalité.

Pendant que la fusillade d'une poignée de Suisses, fidèles au roi, refoulait les hordes émeutières du 10 août dans les cours et dans le jardin des Tuileries, jusqu'à la porte même du Manège, les citoyens des galeries de la Législative criaient aux députés de la salle, tremblants de frayeur et ne songeant qu'à fuir : « Vive l'Assemblée nationale ! vive la nation ! vive la liberté et l'égalité ! Nous ne vous quittons pas, nous périssons avec vous ! » Le danger disparu, les Législateurs tentèrent d'apaiser la populace par la proclamation suivante : « Au nom de la nation, au nom de la liberté, au nom de l'égalité, tous les citoyens sont invités à respecter les Droits de l'homme, la liberté et l'égalité ». Puis tous se levant, jurèrent « aux acclamations des citoyens des tribunes, de périr, s'il le fallait, pour la défense de la liberté et de l'égalité ». Aux représentants de la Commune, qui vinrent les investir de la confiance des insurgés, ils répondirent que, « fidèles à leur devoir, ils maintiendraient jusqu'à la mort la liberté et l'égalité. » Enfin, sur le point de prononcer la déchéance du roi, ils prêtèrent, pour la troisième fois dans la même séance, le serment, « au

1. L'ouverture des séances eut lieu le 21 sept. 1792.

2. Taine, Lettre du 31 oct. 1876 (*Revue des Deux-Mondes* du 15 avril 1907, t. 38, p. 770.)

3. Cf. décrets du 21 et du 22 septembre 1792.

nom de la nation, de maintenir la liberté et l'égalité, ou de mourir à leur poste (1). »

Le 14 août, les mêmes Législateurs décrétèrent « que tout Français recevant traitement ou pension de l'Etat, serait censé y avoir irrévocablement renoncé, s'il ne justifiait que, dans la huitaine,... il a prêté devant la municipalité... de son domicile, le serment suivant : « Je jure d'être fidèle à la nation, et de maintenir la liberté et l'égalité, ou de mourir en la défendant. » Le même serment fut imposé, le 15 août (2), à « tous les fonctionnaires publics », et, le 18 août (3), aux membres des congrégations supprimées, à l'exception des femmes, qui voudraient toucher leur traitement.

Le 21 avril 1793, la Convention le prescrivit à tous les ecclésiastiques « conformément à la loi du 15 août 1792 », sous peine de relégation à la Guyane. Le 30 vendémiaire an 2 (21 octobre 1793) elle prononça la peine de mort contre ceux d'entre eux qui n'auraient pas « satisfait aux lois des 14 août 1792 et 21 avril » ; c'est en vertu de cette dernière loi que le tribunal criminel du Morbihan prononça la sentence capitale contre M. Rogue. Enfin le 9 nivôse an 2 (29 décembre 1793), elle assujettit les religieuses « au serment ordonné par le décret du 14 août 1792. »

Le 3 septembre 1792, au plus fort des horribles massacres qui ensanglantèrent les prisons de

---

1. Cf. *Archives parlementaires* ou Recueil complet des débats législatifs et politiques des Chambres françaises, imprimé par ordre du Corps législatif, 1ere série (1787-1799), t. 47, pp. 634 et suiv.

2. La formule du 15 août diffère légèrement de celle de la veille ; les fonctionnaires publics doivent prêter « le serment d'être fidèles à la nation, et de maintenir de tout leur pouvoir la liberté et l'égalité, ou de mourir à leur poste ».

3. La formule du 18 août est la même que celle du 14.

Paris, la Législative, sur le rapport de Gensonné, enjoignit aux citoyens de prêter le serment «de maintenir de tout leur pouvoir la liberté, l'égalité, la sûreté des personnes et des propriétés, et de mourir, s'il le fallait, pour l'exécution de la loi ». Ce décret, imaginé pour obtenir le « rétablissement de l'ordre et de la tranquillité publique » à Paris, concernait uniquement, dans sept articles sur huit, la municipalité, les sections et les citoyens de la capitale ; mais, pour que les Parisiens ne fussent pas visés trop spécialement, un article était ajouté à la fin, pour faire prêter le même serment « par les citoyens... dans toute la France ». Ce décret demeura lettre morte, même à Paris.

Par le serment de liberté et d'égalité, l'Assemblée nationale demandait aux Français de jurer le maintien, au prix même de leur vie, de la liberté et de l'égalité, proclamées solennellement dans la déclaration des droits de l'homme (1), et qu'un fameux révolutionnaire (2) devait appeler « les principes éternels, qui sont la base de la révolution (3) ». C'était

1. V. plus haut, p. 92.

2. Fouquier-Tinville, accusateur public du tribunal criminel, institué par le décret du 10 mars 1793, dans le but marqué par l'art. 1 du titre I : « Il sera établi à Paris un tribunal criminel extraordinaire, qui connaîtra de toute entreprise contre révolutionnaire, *de tous attentats contre la liberté, l'égalité,* l'unité, l'indivisibilité de la république, la sûreté intérieure et extérieure de l'Etat et de tous les complots tendant à rétablir la royauté, ou à établir *toute autre autorité attentatoire à la liberté, à l'égalité et à la souveraincté du peuple...* »

3. Acte d'accusation des Carmélites de Grenelle, condamnées à la déportation le 21 pluviôse an 2 (9 février 1794) (*Arch. nat.*, W. 321, doss. 491).
« Suivons la marche de la Révolution à ses différentes époques ; nous y verrons le développement progressif des principes anarchiques de la liberté et de l'égalité... » (*Défense de l'ordre social*

imposer l'erreur libérale (1), étayée par son principal auteur, Jean-Jacques Rousseau, sur la négation du péché originel (2); d'après cette doctrine chaque individu a le droit, par sa liberté naturelle, de choisir à son gré le bien ou le mal, et le droit, naturel également, de n'être pas soumis à l'autorité d'un autre (3).

contre les principes de la Révolution française, par l'abbé Du Voisin, docteur de Sorbonne et vicaire général de Laon (et au Concordat, évêque de Nantes) Leipsik, 1801, p. 71).

1. Cf. *L'Ami du clergé*, 2 août 1906, Le libéralisme.

« Sed jam permulti Luciferum imitati, cujus est illa nefaria vox *Non serviam* absurdam quamdam consectantur et meracam libertatem. Cujusmodi sunt ex illa tam late fusa tamque pollenti disciplina homines, qui se, ducto a libertate nomine, *Liberales* appellari volunt. » (Encyclique *Libertas* de Léon XIII)

2. «Le principe fondamental de toute morale, sur lequel j'ai raisonné dans tous mes écrits, est que l'homme est un être naturellement bon, aimant la justice et l'ordre ; qu'il n'y a point de perversité originelle dans le cœur humain, et que les premiers mouvements de la nature sont toujours droits. » (Lettre de Jean-Jacques Rousseau à Mgr de Beaumont, archevêque de Paris).

Le Play a écrit à propos des « fausses doctrines qui ont empoisonné la fin » du XVIIIᵉ siècle, « et qui avaient trouvé leur principale formule dans le *Contrat social* » : « La plus grave de ces erreurs, la véritable mère de nos révolutions, est le faux principe que prétendirent mettre en pratique les novateurs de 1789, celui qui affirme la perfection originelle... Quand la perfection originelle est admise comme un fait, malgré l'évidence et la raison, la logique en fait découler... plusieurs faux dogmes, d'où sont sortis les fléaux déchaînés par la Révolution française. En effet si les individus naissaient en état de perfection, on commettrait un attentat contre l'ordre naturel en restreignant leur liberté ; on violerait la justice en tolérant l'inégalité des conditions : enfin partout où ces deux abus sont consacrés par les institutions, les hommes de cœur, les bons citoyens auraient non seulement le droit, mais le devoir de se révolter contre elles...» (*Le programme des unions de la paix sociale*, p. 56.) — Voir *La paix sociale*, du même auteur (2ᵉ édition, 1876), p. 98, où les mêmes idées sont exposées.

3. Encyclique *Immortale Dei* de Léon XIII : « Eorum principiorum illud est maximum, omnes homines, quemadmodum genere naturaque similes intelliguntur, ita reapse esse in actione vitæ inter

Ce libéralisme révolutionnaire, instituant la liberté de conscience, la liberté des cultes, la liberté d'enseignement, la liberté de la presse, et répudiant toute autre autorité que celle qui « émane expressément » du peuple souverain (1), avait été réprouvé, comme suspect d'hérésie, par Pie VI dans ses lettres apostoliques du 10 mars 1791 (2).

Malgré le vague de la formule du nouveau serment civique, les esprits les plus éclairés en découvrirent la malice, et ils le repoussèrent avec fermeté comme non moins dangereux que le serment de la constitution civile du clergé (3). La majorité du clergé resté en France malgré la persécution, se rangea à cette

se pares : unumquemque ita esse sui juris, ut nullo modo sit alterius auctoritati obnoxius ; cogitare de re qualibet quæ velit, agere quod lubeat libere posse ; imperandi aliis jus esse in nemine. »

1. Déclaration des droits de l'homme de 1789, art. 3.

2. V. plus haut, p. 57.

L'«*Instruction sur les atteintes portées à la religion*, donnée en 1798, au nom de tous les évêques de France, sortis du Royaume par suite de la constitution civile du clergé» dit (p. 108 de l'édition réimprimée à Besançon en 1819) : « C'est encore pour établir et étendre le règne de l'irréligion, qu'on a proclamé, comme un droit naturel de l'homme, l'absurde liberté de communiquer, de manifester toutes ses pensées, de publier impunément sur tout ses opinions religieuses. Cette liberté monstrueuse, si hautement proclamée dès les premiers instants où la conjuration éclata, — (*L'instruction* ici cite en note les art. 10 et 11 de la déclaration des droits de 1789-91), — a encore été maintenue de la manière la plus expresse par la dernière constitution (de 1795, art 353)... »

3. Mgr Maury, archevêque de Nicée, retiré à Rome depuis la fin de la Constituante, où il avait si courageusement défendu la religion catholique, écrivait le 5 décembre 1792 à M. Begougne, sulpicien réfugié en Suisse : « Le premier serment n'était qu'hérétique, au lieu que celui-là consacre la rebellion, délie les serments les plus sacrés, anéantit toute hiérarchie spirituelle et sociale, autorise les principes et les actions les plus coupables. Quant à sa perfidie, elle n'est que trop bien prouvée, puisque cette formule a séduit tant de gens de bien et tant de bons esprits. » (*Vie de M. Emery*, neuvième Supé-

opinion (1) ; les ecclésiastiques, qui crurent pouvoir se soumettre au serment, ne le firent qu'en donnant de la liberté et de l'égalité une interprétation différente de celle des législateurs (2).

A Vannes, le serment de liberté et d'égalité ne fut accepté que par les intrus ; tous les prêtres fidèles le refusèrent (3), et M. Rogue déclara devant le tribunal criminel du Morbihan ne l'avoir jamais prêté.

rieur du Séminaire et de la Compagnie de Saint-Sulpice, [par M. Gosselin, prêtre de St-Sulpice], Paris, Jouby, 1861, t. 1er, p. 310).

« Le serment de liberté et d'égalité... différoit de celui de maintenir la constitution de 1789, 90 et 91, en ce que son objet étoit plus étendu et plus criminel. En le prêtant, on s'engageoit à maintenir plus d'impiétés que n'en contenoit la première constitution... » *Vains efforts d'un jureur de liberté et d'égalité* (Bruxelles, 1794), par M. Simon Fontaine, prêtre de la Mission, supérieur du séminaire de Noyon. « Cet écrit parut si excellent en Italie, dit l'abbé Aimé Guillon (*Les Martyrs de la foi pendant la Révolution française*, Paris, 1821, t. 3, p. 107), qu'on l'y traduisit dans la langue nationale... le Souverain Pontife, les membres du Sacré Collège, les théologiens les plus accrédités y applaudirent, et le *Journal Ecclésiastique* de Rome en préconisa le mérite. » L'abbé Guillon ajoute que cette brochure, in-8 de 96 pages, « a disparu par les soins de ceux même qu'elle condamnoit »

1. Voir *Pièces justificatives et Notes*, n° XI.

2. Voir *Pièces justificatives et Notes*, n° XII.

3. Cf. *Hist. du diocèse de Vannes*, par M. Le Mené, t. 2, p. 289.

M. Grimaudet de Coëtcanton, premier grand vicaire de Mgr Amelot, resta à Paris « jusqu'au 19 octobre 1792, époque à laquelle il prêta le serment de liberté et d'égalité... Le serment qu'il avait fait, lui causait des inquiétudes ; d'ailleurs il savait que les fidèles du diocèse de Vannes n'en étaient pas édifiés. Il écrivit de sa prison [d'Amiens] à Pie VI, pour lui exposer sa conduite et se soumettre à son jugement.... Il n'en reçut pas de réponse, les événements ne permettant guère alors ces sortes de correspondances. M. de Coëtcanton, ayant recouvré sa liberté, fit imprimer sa lettre et l'adressa au clergé et aux fidèles du diocèse de Vannes avec une circulaire dans laquelle il expliquait les motifs qu'il avait eus pour leur donner cette connaissance. » (*Hist. de la persécution révolutionnaire en Bretagne*, par l'abbé Tresvaux, t. 2, pp. 110-111.)

Pierre-René Rogue.   7

Pie VI apprit avec tristesse, que « de bons prêtres, » même éminents, s'étaient soumis au serment par « pusillanimité » (1). Il paraissait bien décidé à en porter une condamnation solennelle ; mais, suivant les libertés gallicanes, il attendait pour cela d'en être « requis par le corps des évêques de France ; » l'épiscopat français étant dispersé de tous côtés en Europe, le jugement pontifical fut « différé. » A ceux qui demandèrent plus tard : « Quelles peines ont encourues les ecclésiastiques ou les laïques, qui ont prêté le serment de liberté et d'égalité? » Rome répondit (2) : « Ce n'est point le lieu, pour le moment, de parler de peines canoniques, Sa Sainteté n'ayant pas encore porté son jugement sur ledit serment ; mais il faut avertir les laïques et les ecclésiastiques, qui l'ont prêté, de pourvoir à leur conscience, parce qu'il n'est pas permis de jurer dans le doute. »

Cependant le Pape n'avait pas modifié son appréciation première, et dans l'allocution consistoriale du 17 juin 1793 sur le « martyre » de Louis XVI, il réprouvait de nouveau la liberté de la philosophie révolutionnaire, qui « ne tend qu'à corrompre les esprits, dépraver les mœurs, anéantir les lois et renverser l'ordre universel », et la trompeuse égalité, synonyme d'« anarchie » (3).

1. Lettre de Mgr Maury, du 13 mars 1793, à M. Emery (*Vie de M. Emery*, par M. Gosselin, t. 1, p. 321). Voir cette lettre aux *Pièces justificatives et Notes*, n° XIII, A), ainsi qu'une réponse de M. Emery, du 21 avril 1793, à son confrère, M. Giraud, à Rome, où il écrit : « *Si aujourd'hui il fallait faire* [le serment], *je ne le ferais point.* » (*Pièces justificatives et Notes*, n° XIII, B).

2. *Brefs de Pie VI*, t. 2, p. 485, quæst. XII (28 mai 1793.)

3. *Décisions du St-Siège*, t. 3, pp. 318-319. — Voir *Pièces justificatives et Notes*, n° XIV.

Pour établir « le règne de la liberté et de l'égalité »
la Convention, après avoir «décrété à l'unanimité que la
royauté était abolie en France (1) », décida de punir le
« tyran », le « despote », qui, en montant sur le trône
avait usurpé la souveraineté du peuple ; le 20 janvier
1793 (2), elle « déclara Louis XVI, dernier roi des
Français, coupable de conspiration contre la liberté de
la nation » ; et le lendemain, sur la place de la
Révolution, appelée depuis place de la Concorde (3),
fut consommé le crime national, contre lequel protesta
le Souverain Pontife Pie VI, en déclarant, le 17 juin
1793, que Louis XVI avait été « martyrisé » en haine
de la religion (4).

La religion surtout gênait la liberté des impies, qui
manifestèrent leur sentiment sur cette matière, en

1. Décret du 21 sept. 1792.

2. Décret du 20 janvier 1793.

3. Décret du 4 brumaire an 4 (26 oct. 1795).

4. « Cur Nos non consentiremus pro martyrio regis Ludovici ?...
Quis unquam dubitare possit, quin ille rex præcipue interemptus
fuerit in odium fidei ?... Jamdiu erat, cum Calviniani in Gallia
orthodoxæ religioni perniciem moliri cœperant ; sed parandi prius
fuerunt animi, ac impiis imbuendi doctrinis populi,... ac ad sui pro-
positi societatem perversorum philosophorum operam adjunge-
bant... Ac tum fuit, ut, cum his artibus ad suas partes maximam
populi multitudinem illexissent,... speciosum illud reperirent *libertatis* nomen, omnesque ad ejus elata insignia ac vexilla evocarent...
Falso huic ac mendaci libertatis nomini illi jactati humani generis
patroni adjunxerunt aliud æque fallax nomen *æqualitatis*... Etsi
decretum esset, ut quisque libere, quam vellet, religionem exercere
posset,... sola tamen vetabatur catholica religio, sola tanquam capi-
talis criminis pœnas effuso per fora, per vias, per domos sanguine
luebat... Ex hac apud Gallos incœptarum impietatum nunquam
interrupta serie, cui non perspectum plane sit, odio in religionem
primas acceptas referri partes earum machinationum, per quas
omnis nunc exagitatur et convellitur Europa ; ac exinde inficiari
nemo possit ipsi mortem illatam esse Ludovico ?... » (*Décisions du
Saint-Siège*, t. 3, pp. 304-332.)

quelques lignes, demeurées jusqu'ici inconnues. Les
vicaires épiscopaux du Morbihan, jureurs de la liberté
et de l'égalité, se plaignirent à la Convention, par une
pétition du 12 août 1793 (1), de la « tyrannie des
prélats ». « Loin de flatter leur morgue et leurs passions, écrivaient ces schismatiques, *les prêtres de la
liberté* ont fait voir qu'ils savent fronder les abus
jusque sous le dais pontifical » ; « au nom de la
liberté et de l'égalité », ils priaient la Convention
d'annuler le décret, qui les excluait du conseil épiscopal, « ce contrepoids importun, qui balance l'autorité absolue » des évêques.

En marge de la pétition transmise par Merlin (de
Douai) « au Comité de législation, le 7 septembre
l'an 2 de la République », un conventionnel écrivit son
avis en ces termes suggestifs : « Il est d'autant plus
intéressant de faire rapporter le décret, qu'il est bon
d'habituer les campagnes à se passer de prêtres. C'est
d'ailleurs un monstre dans la république que l'autorité
d'un évesque ; il faut toujours tendre à l'anéantir. »

Ce n'étaient pas seulement les évêques, qu'ils voulaient supprimer, mais tous les ministres de la
religion, en attendant qu'ils pussent anéantir la religion
elle-même. Le 18 mars 1793, ils ordonnèrent, par un
décret, à tout citoyen « de dénoncer, arrêter ou faire
arrêter les émigrés et les prêtres dans le cas de la
déportation. » Ceux-ci devaient être « conduits de
suite dans les prisons du district, jugés par un jury
militaire, et punis de mort dans les vingt-quatre
heures. »

Il semblait alors que les catholiques de France
fussent réduits au même état que le peuple de Dieu,

1. *Arch. nat.*, D^{III}, 171.

sous le gouvernement d'Antiochus Epiphane (1). Ce persécuteur était impudemment entré dans le lieu saint, dont il avait volé tous les trésors ; dans son orgueil il avait prescrit par ses représentants au peuple de Jérusalem et des villes de Juda d'abandonner le culte et la loi du vrai Dieu, d'adorer des idoles, et de se souiller de toutes les abominations des gentils ; quiconque lui désobéirait, serait puni de mort. Beaucoup dans le peuple d'Israël résolurent de mourir plutôt que de pécher ; suivant le texte sacré, « ils ne voulurent pas enfreindre la sainte loi de Dieu, et ils furent massacrés. » Mais en ces jours de deuil universel, se leva Mathathias, le père de Judas Machabée : « Quand bien même, dit-il, toutes les nations obéiraient à Antiochus, mes fils, mes frères et moi, nous garderons la loi de nos pères. Que Dieu daigne nous venir en aide ! » Alors se jetant sur un apostat prêt à sacrifier aux idoles, il l'égorge et s'écrie : « Que ceux qui ont le zèle de la loi me suivent ! » Et, avec leurs femmes et leurs enfants, les braves en appelèrent à la justice de Dieu contre les calamités, dont ils étaient accablés ; puis ils se préparèrent au combat contre le tyran, en disant : « Mieux vaut mourir les armes à la main, que d'être spectateurs des calamités de la patrie et du massacre des saints, qui sont nos frères. »

Comme à l'époque des Machabées, aux tyrans barbares, qui en France opprimaient la religion, en criant avec fanatisme : « La liberté ou la mort », les Vendéens de l'Anjou et les Bretons répondirent dans une proclamation commune : « Rendez à nos vœux les plus ardents nos anciens pasteurs... Rendez-nous, avec eux, le libre exercice d'une religion, qui fut celle de nos pères, et pour le maintien de laquelle nous sau-

1. I Mach., I-II.

rons verser jusqu'à la dernière goutte de notre sang. »

Mais les impies de la Convention ne voulaient pas de cette liberté « légitime et honnête (1) », qui « consiste en ce que, par le secours des lois civiles, on puisse plus aisément vivre selon les prescriptions de la loi éternelle. » Alors, tandis que les Bretons se livraient à une guerre de partisans, les Vendéens, pour la défense de la religion, engagèrent la « grande guerre », qualifiée à juste titre de guerre de géants ; et pendant l'année 1793, ils firent trembler les tyrans les plus sanguinaires qu'ait jamais mentionnés l'histoire (2).

1. Encyclique *Libertas* de Léon XIII.

2. « Tant qu'a duré le règne de la Convention et de ses lois révolutionnaires, ce qu'on nommoit la République n'étoit qu'une anarchie sanguinaire, où, dans l'espace de quelques mois, la France a perdu par le glaive et par les formes de la loi plus d'innocens qu'elle n'avoit vu périr de criminels depuis la fondation de la monarchie... D'un peuple de sybarites, ils ont fait un peuple de cannibales ; et ce n'est qu'en propageant et en systématisant la corruption, qu'ils l'ont préparé à une liberté, que toute la vertu des Spartiates eût à peine supportée... » (*Défense de l'ordre social contre les principes de la Révolution françoise,* par l'abbé Du Voisin, p. 239).

« Sous l'excitation d'un demi-siècle de diatribes furieuses et de calomnies atroces, on vit surgir en France une bande de scélérats, tels qu'il ne s'en était jamais vu sur la scène du monde. Auprès des forcenés dont je ne veux même pas citer les noms, les Césars païens les plus cruels pouvaient passer pour des hommes modérés ; et c'est avec raison que Macaulay a pu appeler ces massacres à froid « le plus horrible événement que raconte l'histoire » (Mgr Freppel, *La Révolution à propos du centenaire de 1789,* p. 29.)

« Je crois avec vous, écrit Taine au comte de Martel (6 août 1879), que Robespierre n'était qu'un sot, timide, effaré, haineux, à peine digne d'être un avocat de troisième ordre en province. C'est le caractère général des Terroristes, l'incapacité... Quant à la probité... (Taine cite ici les noms de plusieurs grands hommes de 1793, qui étaient de vulgaires voleurs). En somme, conclut-il, ils sont presque tous du même acabit que les chefs de la Commune de 1871. » (*Revue des Deux-Mondes* du 15 avril 1907, t. 38, pp. 779-780).

« Voler, violer, guillotiner, noyer, égorger, fusiller, mitrailler, démolir (1), tels furent les moyens employés par les Conventionnels, à Paris et dans les départements, afin, suivant le mot de l'un d'eux (2), de « républicaniser » et de « sans culottiser » la nation.

« Pour la liberté et l'égalité, pour la Révolution (3) », ils créèrent, avec le calendrier républicain, une division du temps, qui « contredisoit ouvertement les lois de la religion, concernant la sanctification du dimanche et des fêtes (4) ». Quelques jours auparavant, le 17 septembre, ils avaient édicté l'odieuse loi relative aux « gens suspects », leur permettant d'emprisonner qui bon leur semblait. Le 30 vendémiaire an 2 (21 octobre 1793), ils décrétèrent la peine de mort contre les prêtres catholiques restés en France.

Pour consommer l'apostasie nationale, il ne leur restait plus qu'à établir le culte des idoles ; c'est ce qu'ils firent, le 10 novembre 1793, à Paris, dans la métropole de Notre-Dame, en prostituant leurs hommages à une idole de chair, qui représentait la raison et la liberté. « Là, disait le pontife du nouveau culte, Chaumette, en présentant sa déesse à la barre de la Convention, là nous avons sacrifié à la liberté, à

1. *Histoire générale des crimes commis pendant la Révolution française* sous les quatre-législatures et particulièrement sous le règne de la Convention nationale, par Prudhomme (Paris, 1796, an V), t. 1, p. xv.

2. Francastel, représentant à Angers, lettre du 24 oct. 1793, au Comité de salut public (Aulard, *Recueil des Actes du Comité de salut public*, t. 7, p. 611).

3. Loi en forme d'instruction du 4 frimaire an 2 (24 nov. 1793). Le calendrier républicain avait été institué le 5 octobre précédent.

4. *Instruction sur les atteintes portées à la religion*, donnée en 1798, au nom de tous les évêques de France, sortis du royaume par suite de la constitution civile du clergé (Besançon, édition de 1819), p. 81.

l'égalité, à la nature... Le peuple a dit : plus de prêtres, plus d'autres dieux que ceux que la nature nous offre !... Nous vous demandons, concluait-il, que la ci-devant métropole de Paris soit consacrée à la Raison et à la Liberté ! »

Aux applaudissements de la Convention, cette motion fut convertie en décret. Puis « législateurs, clubistes et courtisanes dansèrent le *Ça ira* et *la Carmagnole ;* l'orgie éclatait dans l'Assemblée nationale (1) ». C'était, dans son naturel épanouissement, le règne de la liberté et de l'égalité.

Vannes tomba alors sous la domination du représentant Prieur de la Marne. « Je me promets à moi-même, écrivait-il au Comité de salut public (2), qui était l'âme du gouvernement révolutionnaire de la Convention, de ne point m'éloigner que le peuple ne soit vengé, le règne des contre-révolutionnaires détruit, les sans-culottes tout puissants, que la révolution ne soit faite. Car ici n'a point été renversée la Bastille; ici n'a point été fait le siège du palais d'un tyran ; ici des victimes n'ont point été immolées à la liberté ; et cette forte secousse, nécessaire pour arracher les âmes de leur assiette, pour relever la classe, longtemps pressurée, de son abattement, pour asseoir le nouveau régime, n'a point eu lieu. La république est à créér, la Révolution est à faire. »

Carrier, nommé par décret du 29 décembre 1793, avec Prieur de la Marne, représentant pour la Loire-Inférieure et le Morbihan, traçait le 1ᵉʳ janvier

---

1. *Histoire de France*, par A. Gabourd, t. 19, p. 175.

2. *Rapport* des opérations faites à Vannes par Prieur (de la Marne), représentant du peuple, avec Marc-Antoine Julien, commissaire du Comité de salut public de la Convention nationale (Vannes, 1793).

1794, au Comité de salut public (1), ce plan, bien
digne de sa férocité, pour « révolutionner » les villes
et les campagnes bretonnes. « Un député à triple poil...
accompagné de douze ou quinze cents hommes de
cavalerie..., ferait incendier... toutes les églises, y
donnerait la bonne chasse aux prêtres réfractaires
qui y sont encore, et en emmènerait les constitutionnels qui y font presque autant de mal, et les purgerait
de tous les ci-devant nobleset robinocrates, qui y pro-
pagent le poison de l'aristocratie et du fanatisme, et y
fomentent l'esprit de rébellion... »

Par ordre de Prieur, les administrateurs du département du Morbihan, qui n'avaient pas l'esprit assez
révolutionnaire, furent mis en prison. M. Le Masle et
son clergé constitutionnel furent chassés de la cathédrale et eux-mêmes incarcérés. A Vannes, comme à
Paris, le temple saint fut souillé par l'ignoble culte de
la Raison. Le tribunal criminel du Morbihan, « qui
n'avait encore condamné aucun prêtre à la peine de
mort (2) », fut transféré à Lorient, où, du 11 décembre
1793 au 4 novembre 1794, il envoya à la guillotine
treize prêtres confesseurs de la foi.

M. Rogue, pendant ce temps-là, exerçait en cachette
son saint ministère, visitant et administrant les
malades, confessant tantôt dans un endroit, tantôt
dans un autre, car la persécution l'obligeait à changer
fréquemment de domicile. Parmi les maisons qui lui
servirent d'asile, on cite entre autres celle de la
Croix Cabello, qui forme l'angle des rues du Four
et de la Tannerie et porte le numéro 14 (3), une

1. Aulard, *Recueil des Actes du Comité de salut public*, t. 10, p. 21.

2. *Hist. du dioc. de Vannes* par M. Le Mené, t. 2, p. 305.

3. Sur la façade de cette maison, donnant rue du Four, on lit la
date 1680, au-dessus d'une lucarne du premier étage.

autre occupée plus tard par les Petites Sœurs des Pauvres, rue de Trussac, et à cette époque habitée par les Dames de la Retraite, qui s'y étaient retirées, après avoir été expulsées de leur communauté (1); une autre derrière le four du séminaire, portant le numéro 1 ; une autre enfin dans la rue des Tribunaux, numéro 11: c'était celle qu'habitait Mme Rogue, après s'être retirée des affaires et avoir réalisé son commerce ; M. Rogue s'y cachait quelquefois, mais il ne pouvait l'habiter longtemps, car les agents du gouvernement y faisaient fréquemment des visites dans l'espoir de l'y surprendre.

De ces différentes cachettes il se rendait le soir où le besoin des fidèles l'appelait. On l'a vu aller jusqu'à la caserne de gendarmerie administrer des mourants, et quoiqu'il fût facilement reconnu par les habitants de la ville, personne ne songeait à l'inquiéter, tant il était aimé et respecté.

C'est ainsi qu'il exerça son ministère consolateur à l'époque même de la Terreur, sans redouter les dangers qui le menaçaient. Les persécutions, la vue de la prison, de la mort même, rien ne pouvait ralentir son zèle ni son dévouement pour le salut des âmes.

---

1. La rue de Trussac s'appelle maintenant rue de la Salle d'Asil et la maison où demeuraient, pendant la Révolution, trois Dames de la Retraite, porte le n° 9. — Cf. *Catherine de Francheville*, p. 226.

CHAPITRE XI

LA GUERRE AUX PRÊTRES RÉFRACTAIRES

(1795)

« Les hommes qui renversèrent Robespierre » le 9 thermidor (27 juillet 1794), écrit de Conny (1), eurent à la fois le dessein d'abattre un dictateur qui les faisait trembler, et d'asservir la France à leur sanglante domination. ... La France apprit à connaître les desseins de l'assemblée régicide, lorsqu'elle vit la chute de Robespierre annoncée en ces termes : « Le » 31 mai le peuple fit sa révolution, la Convention a » fait la sienne le 9 thermidor. La liberté applaudit » également à toutes les deux. »

Cependant, pour marquer que le nouveau pouvoir cesserait d'être « l'oppression et la mort », les Conventionnels de ce parti s'appelèrent Thermidoriens, et ils luttèrent contre la « *faction* redoutable qui voulait retenir dans ses mains le sceptre de la Terreur », c'est-à-dire contre le parti des Terroristes.

Ils désiraient voir la fin de la guerre, qui désolait toujours la Bretagne et la Vendée. Vendéens et

1. *Histoire de la Révolution de France*, t. 8 (1838), pp. 199-201.

Chouans, fatigués de la lutte exterminatrice, voyant la Convention châtier les monstres, comme Carrier, qui avaient terrorisé leur pays, étaient prêts à poser les armes, si le gouvernement voulait leur laisser la liberté de pratiquer la religion.

Au nom des « trois comités réunis de salut public, de sûreté générale et de législation », Boissy d'Anglas proposa la conciliation dans un rapport à la Convention. « Vous avez gémi trop longtemps, disait-il, des maux affreux de la Vendée, vous avez vu s'organiser cette guerre horrible, que l'impéritie du gouvernement a laissé se développer et s'étendre, et où tous les crimes ont produit toutes les calamités ; le fanatisme en fut le mobile ; les opinions religieuses, l'occasion et le prétexte ». Il invitait les « vrais républicains » à ne pas suivre les errements « de la faction des *buveurs de sang* », à laisser libre l'exercice des divers cultes, sans en reconnaître aucun, et à les soumettre à des règlements de police ; il proposait enfin « de détruire le fanatisme et la superstition » par l'instruction publique qui développe la raison.

La Convention adopta les conclusions du rapporteur en votant la loi du 3 ventôse an 3 (21 février 1795), et en décrétant l'envoi de ce rapport à tous les départements (1).

Conformément aux principes de tolérance de cette loi, les représentants du peuple Guermeur et Guezno, chargés du Morbihan, prirent, à la date du 6 germinal

---

1. Lorsque le dernier article du projet de loi voté dans la séance du 3 ventôse, eut été lu à la Convention, le régicide Oudot parla ainsi : « Il est bon de dire que par cette loi vous n'avez pas voulu rapporter celle relative aux hommes qui n'ont pas prêté le serment à l'égalité... » — « *Plusieurs voix* : Non, non ! » (*Moniteur*, t. 23, p. 528). — Voir *Pièces justificatives et Notes*, n° XV.

an 3 (26 mars 1795), un arrêté (1) qui débutait par ces considérations : « La saine philosophie est enfin parvenue à faire triompher des vérités qui n'eussent jamais dû être méconnues, celle qui consacre la liberté indéfinie des opinions religieuses ; celle qui tolère l'exercice de tous les cultes, pourvu qu'il se fasse sans actes ni signes extérieurs ; celle enfin qui, par une conséquence naturelle des deux premières, a déclaré que le gouvernement ne salarie les ministres d'aucun culte. »

Par l'article premier, l'arrêté donnait la liberté immédiate à «tous les ministres du culte catholique détenus pour la seule cause du refus ou de l'omission du serment que prescrivoit la ci-devant constitution civile du ci-devant clergé. »

Les articles 2 et 4 portaient cette mesure : « Tous les ministres qui se sont trouvés cachés par suite du refus dudit serment, se présenteront devant les agens nationaux de districts des communes dans le territoire desquels ils se trouvent. — Ceux qui seront mis en liberté, de même que ceux qui, s'étant cachés, se représenteront, seront tenus d'indiquer les lieux où ils désireront se retirer pour y vivre paisibles, soumis aux loix et fidèles à la république ; et nous présumons trop bien de leur prudence et de leur attachement à la patrie, pour ne pas être persuadés que leurs discours et leur conduite ne tendront qu'à consolider ou à rétablir l'union et la concorde entre les citoyens. »

Un registre fut ouvert à Vannes, « pour recevoir la déclaration des ministres du culte catholique aux

____

1. *Arch. dép. du Morbihan*, arrêtés et proclamations des représentants du peuple en mission, 2ᵉ liasse (an 3).

fins d'arrêtés des représentants du peuple (1). »
M. Rogue se présenta devant l'agent du district à la
fin de mai ou au commencement de juin, pour « déclarer qu'il était demeuré caché sur le territoire français, par le refus du serment de maintenir la constitution civile du clergé », et « qu'il promettoit de vivre
paisible et de contribuer à l'entretien de la paix et du
bon ordre (2). »

Alors les catholiques, surtout en Bretagne et en
Vendée, recommencèrent « à se rassembler et à faire
célébrer dans l'intérieur des maisons, mais sans
crainte, les saints mystères, trop longtemps inter-
rompus par l'espionnage ou l'échafaud (3). » Le
30 mai (11 prairial an 3), un décret de la Convention
concéda « aux citoyens des communes de la république... le libre usage » provisoire des églises qui
n'avaient pas été aliénées ; toutefois les prêtres, pour
y exercer leurs fonctions « sous la surveillance des
autorités constituées », devaient faire une déclaration
de « soumission aux lois de la République (4). »

Vers ce temps-là, les gentilshommes français émigrés en Angleterre pensèrent que le moment était
venu de renverser la république persécutrice et de
rétablir en France la royauté et la religion. Le 27 juin
1795, un corps d'armée, où se trouvaient Mgr de
Hercé, évêque de Dol, et plusieurs prêtres en qualité

1. *Arch. dép. du Morbihan*, L. 861. Cette liasse ne renferme
que la première page du registre ou du cahier et quelques déclarations du district d'Auray ; tout ce qui concerne le district de
Vannes manque.

2. Réponse de M. Rogue, dans son interrogatoire devant le
tribunal criminel.

3. *Hist. de France* par A. Gabourd, t. 19, p. 285.

4. Voir *Pièces justificatives et Notes*, n° XV.

d'aumôniers, fut débarqué par une flotte anglaise dans la baie de Quiberon. Les royalistes furent refoulés par le général Hoche, qui était à la tête de l'armée des bleus ; une partie put rejoindre la flotte anglaise ; les autres, commandés par le comte de Sombreuil, posèrent les armes sur la foi d'une « capitulation verbale », que « Sombreuil a affirmée devant ses juges », dont « Hoche n'a rien dit», et que « le régicide Tallien qui était à Quiberon, a niée devant la Convention (1). » L'évêque, quatorze prêtres, et environ huit cents catholiques furent fusillés à Vannes, au Bondon, à Larmor, à la pointe des Émigrés, à Quiberon, et surtout près d'Auray, dans des terrains que la piété des fidèles a désignés sous le nom de *champs des Martyrs*.

Le désastre de Quiberon vint offrir à l'apostolat de M. Rogue un vaste théâtre. A la suite de cette terrible catastrophe, Vannes fut encombrée de blessés et de prisonniers. Le typhus vint tout à coup s'abattre sur les infortunés que la guerre avait épargnés. Des anciennes Ursulines du port, où les victimes de la maladie étaient entassées, le mal se répandit dans la ville et y causa d'affreux ravages.

M. Rogue, sans être arrêté un seul instant par la crainte de la maladie, ni par la fureur des méchants, était continuellement au milieu des morts et des mourants, leur adressant ces paroles touchantes qui rafraîchissent l'âme et font oublier la souffrance. Il administrait les soldats républicains qui le demandaient, aussi bien que les défenseurs de la cause royale ; il allait même dans les maisons où il savait trouver des malades, pour leur proposer les secours

____

1. *Hist. du diocèse de Vannes*, par M. Le Mené, t. 2, p. 337.

et les consolations de son saint ministère ; et partout il recevait, en échange de sa tendre compassion pour ses frères, les bénédictions de ceux qui allaient mourir. Ainsi s'écoulaient les jours de cet apôtre de la charité.

Cependant, avant de terminer sa mission, qui l'a fait comparer à un de « ces fléaux de Dieu » destinés à « châtier le monde, noyer les peuples dans le sang, et concourir malgré eux à la régénération sociale (1), » la Convention sentit se rallumer dans son sein sa haine invétérée contre la religion catholique. Le 20 fructidor an 3 (6 sept. 1795), elle confirma les lois de bannissement relatives aux prêtres déportés et rentrés en France. Le 5ᵉ jour complémentaire an 3 (21 sept. 1795), elle interdit toutes fonctions civiles et publiques aux ministres du culte insermentés.

Le 7 vendémiaire an 4 (29 sept. 1795), elle adopta une nouvelle loi sur l'exercice et la police extérieure des cultes : « Nul ne pourra remplir le ministère d'aucun culte, édicte-t-elle, en quelque endroit que ce puisse être, s'il ne fait préalablement devant l'administration municipale... du lieu où il voudra exercer, une déclaration, dont le modèle est : ... « Je recon-
» nais que l'universalité des citoyens français est le
» souverain, et je promets soumission et obéissance
» aux lois de la république. »... La déclaration qui contiendra quelque chose de plus ou de moins, sera nulle et non avenue... (2). »

1. *Hist. de France* par A. Gabourd, t. 19, p. 296.

2. Articles 5 et 6.
Le régicide Génissieu, en présentant à la Convention le projet imprimé de cette loi de « police », au nom du comité de législation, faisait ces remarques dans l' « Avertissement du Rapporteur » :
« Comme il n'y aucun article qui concerne spécialement les prêtres

Le pape fut consulté par l'archevêque de Reims sur cette nouvelle formule de serment ; il répondit le 23 janvier 1796 (1) : « Comme il s'agit d'une affaire de très grande importance, soit en elle-même, soit dans ses conséquences, et que les ecclésiastiques de France ont des opinions différentes sur ce sujet ,nous avons pensé qu'il était de notre devoir de la faire

insermentés reclus, déportés ou déportables, son adoption ne toucheroit point aux mesures prises contre ces derniers... Cette loi, qui, bien méditée, paroîtra peut-être suffisante pour réprimer les entreprises des prêtres insermentés, quoiqu'il n'y soit pas question d'eux en particulier, seroit encore nécessaire... quand même il n'existeroit pas en France un seul de ces prêtres, car il faudroit toujours une police extérieure des cultes ; sans cela on auroit à craindre l'esprit de domination et d'intolérance qui pourroit naître ou se développer rapidement parmi ceux même des ministres qui se sont d'ailleurs montrés amis de la liberté et des principes républicains. » (*Projet de loi sur la police extérieure des cultes*, p. 2).

Lorsque dans la séance du 6 vendémiaire an 4 (28 sept. 1795), « Génissieu, au nom du comité de législation, soumit à la discussion le projet de décret sur la police des cultes, » le député Defermon provoqua cet incident, relaté par le *Moniteur* (t. 26, p. 71) : « Je demande la question préalable ; puisque les prêtres ne font pas une classe de citoyens séparée, il ne faut pas de lois particulières pour eux. » — « Cette proposition, ajoute le *Moniteur*, est rejetée. »

Voir *Pièces justificatives et Notes*, n° XV.

1. *Brefs de Pie VI*, t. 2, p. 10 du Supplément. «Quod spectat ad instructionem quam hâc ipsa occasione transmittis, in qua de actu submissionis reipublicæ sermo est, hic pariter, ut in cæteris animum tuum apostolicæ huic Sedi auscultare paratissimum agnoscimus et commendamus. At, ut vides, de re agitur maximi momenti, sive in se ipsa, sive in eis quæ inde consequi poterunt, consideretur, variæque existunt inter ipsos etiam Galliæ ecclesiasticos ac a se invicem dissentientes, opiniones. Quapropter Nos officii nostri esse putavimus, eam rem universam ad accuratissimum examen revocare et peculiarem cardinalium congregationem de more adhibere, ut certum aliquid in tam gravi re decernere possimus. Quod cum peractum fuerit, decreti nostri participem te faciemus. Datum Romæ, 23 januar. 1796. »

Le Souverain Pontife ne prononça pas de jugement solennel sur

examiner très soigneusement par une congrégation particulière de cardinaux avant de prononcer un jugement définitif sur une si grave matière. »

Si à Paris beaucoup de prêtres catholiques se soumirent à cette déclaration (1), en province, au contraire, la plus grande partie, effrayée de reconnaître et d'accepter des lois criminelles, comme celles du divorce, de l'abolition du dimanche et bien d'autres, regarda comme suspect cet acte de soumission, et prit le parti de continuer en secret l'exercice du saint ministère. De ce nombre furent les prêtres fidèles de Bretagne, et particulièrement M. Rogue, qui confessa devant le tribunal criminel « n'avoir point fait cette déclaration et n'avoir point promis soumission et obéissance aux lois de la république. »

Les derniers actes de la Convention (2, 3 (2) et

---

ce serment, bientôt remplacé d'ailleurs par de nouvelles formules non moins suspectes. « Quand un peu plus tard, Bonaparte devenu tout puissant voulut exiger du clergé de France la promesse de fidélité à la constitution consulaire, promesse moins équivoque que le serment de 1792, et *expliquée dans le sens le plus favorable* par le gouvernement lui-même, Pie VII ne put pas être amené à donner son consentement. » (M. Misermont, *Les Filles de la Charité d'Arras*, dernières victimes de Joseph Lebon à Cambrai, 2ᵉ édition, 1901, pp. 44-45).

Voir *Pièces justificatives et Notes*, n° XV.

1. Les rédacteurs du *Journal de la religion et du culte catholique*, qui étaient des prêtres de Paris, ayant juré la liberté et l'égalité, écrivaient dans le n° 6 du 7 novembre 1795 (p. 93) : « Il y a peu de ministres du culte catholique, exerçant à Paris, qui ne se soient soumis à cette loi. Il est étonnant que, malgré tant de docilité, on continue au milieu de la Convention, à déclamer contre les prêtres comme provocateurs au royalisme et instigateurs de séditions. »

2. L'article 2 de la loi du 2 brumaire dit : « Il n'est point dérogé par le présent décret aux lois relatives... aux émigrés ou prêtres réfractaires. »

L'article 10 de la loi du 3 brumaire dit : « Les lois de 1792 et de 1793 contre les prêtres sujets à la déportation ou à la réclusion seront exécutées dans les vingt-quatre heures... »

4 (1) brumaire an 4, 24, 25 et 26 octobre 1795) furent de maintenir et de renouveler les mesures les plus sanguinaires, portées en 1792 et 1793 contre les prêtres réfractaires.

La Convention céda la place, le 4 brumaire (26 octobre 1795), au Directoire, c'est-à-dire à un Corps législatif, composé de deux conseils, l'un de cinq cents membres proposant les lois, et l'autre de deux cent cinquante, appelé Conseil des anciens et chargé de les sanctionner. Le pouvoir exécutif était délégué à un Directoire de cinq membres, nommés par le Corps législatif. « De même que, pour continuer les traditions de la Convention, on n'avait rien trouvé de mieux que d'introduire dans les conseils les deux tiers d'anciens conventionnels, de même, pour constituer le Directoire, on choisit de préférence les membres qui avaient concouru aux derniers événements (2) » de vendémiaire, relatifs à l'acceptation de la constitution de 1795, dite de l'an 3 ; c'étaient Larévellière-Lépeaux, Barras, Rewbell, Letourneur et Carnot, qui tous avaient voté la mort de Louis XVI ; tous aussi avaient, à des degrés divers, la haine de la religion et du prêtre (3).

Leur premier acte fut d'envoyer une proclamation au peuple français, qui débutait par cette déclaration (4) : « Le Directoire exécutif vient de s'installer.

---

1. L'article 8 « excepte formellement de l'amnistie » cinq classes de personnes, dont «les prêtres déportés ou sujets à la déportation.»

2. *La Terreur sous le Directoire* par Victor Pierre (Paris, 1887), p. 7.

3. Victor Pierre trace le portrait de ces Directeurs dans l'ouvrage cité ci-dessus, pp. 8-15.

4. Elle est datée du 14 brumaire an 4 (5 nov. 1795). V. *Moniteur* du 19 brumaire an 4 (10 nov. 1795), t. 26, p. 386.

Résolu à maintenir la liberté ou à périr (1), sa ferme volonté est de consolider la république et de donner à la constitution toute son activité et toute sa force. » Leur programme était de « livrer une guerre active au royalisme, raviver le patriotisme, réprimer d'une main vigoureuse toutes les factions, éteindre tout esprit de parti, etc. » ; et dans la répression des factions, était comprise la guerre au « fanatisme » ; car le gouvernement, en demandant au peuple de lui donner sa confiance, l'invitait à « ne se laisser plus entraîner aux suggestions perfides des royalistes qui renouent leurs trames, des fanatiques qui embrasent sans cesse les imaginations, et des sangsues publiques qui calculent toujours sur nos misères. »

Un mois après cette proclamation, le 9 décembre 1795, le Directoire exécutif adressa une « instruction aux commissaires nationaux (2), » qui était une déclaration de guerre aux prêtres réfractaires appelés « les mauvais prêtres ». Quelques semaines plus tard, il envoya « aux autorités constituées » et fit « insérer dans le Bulletin des lois » une nouvelle « instruction... sur l'exécution de l'article X de la loi du 3 brumaire de l'an IV, » c'est-à-dire d'une des plus abominables lois portées par la Convention contre les prêtres insermentés (3). Ces deux instructions étaient signées par le président du Directoire, Rewbell, que ses compatriotes d'Alsace avaient surnommé *Néronnet* Rewbell (le petit Néron), et qui, violent et grossier d'allures, aurait,

---

1. Cette phrase est la réédition d'une des principales formules de la Terreur : « La liberté ou la mort ! », digne pendant du fameux « Crois ou meurs » de l'intolérance musulmane.

2. *Moniteur* des 18, 19, et 20 frimaire an 4 (9, 10 et 11 déc. 1795), t. 26, pp. 618, 624, 636. Voir *Pièces justificatives et Notes*, n° XVI, A).

3. Voir *Pièces justificatives et Notes*, n° XVI, B).

au dire de son collègue Carnot, tenu ce propos : « Je n'ai jamais eu qu'un reproche à faire à Robespierre, c'est d'avoir été trop doux (1). »

Les Directeurs étaient aidés dans le gouvernement de la république par des ministres, dont le plus célèbre fut Merlin (de Douai) (2), d'abord ministre de la justice, ensuite ministre de la police générale. Monarchiste sous la monarchie, républicain sous la Convention, partisan de Danton, puis de Robespierre, ensuite thermidorien, «il ne cessa pas un seul instant, suivant son propre témoignage, de déployer du zèle et de la chaleur... contre les émigrés, contre les prêtres réfractaires. » Le 10 février 1796, il adressa aux administrations centrales des départements une lettre (3), digne complément des instructions du Directoire, pour « la juste punition » des « malveillants, des émigrés, des prêtres réfractaires, ... ces scélérats,... ces brigands, qui infestent la république. » Cette lettre, ainsi que l'instruction aux autorités constituées, fut lue dans la séance du tribunal du Morbihan, où les juges prononcèrent la sentence capitale contre M. Rogue.

Telles étaient les dispositions du Directoire, dont l'administration, par sa corruption politique et morale, « ne fut qu'une honteuse saturnale (4), » pendant laquelle, en haine de la religion, les prêtres catholiques furent immolés sur l'échafaud ou dans les déserts brûlants de la Guyane. En terminant sa triste carrière, ce gouvernement osa porter une main sacri-

---

1. *La Terreur sous le Directoire* par Victor Pierre, pp. 12-13.
2. V. *ibid.*, pp. 16-21.
3. Voir *Pièces justificatives et Notes*, n° XVII.
4. *Hist. de France* par A. Gabourd, t. 19, p. 301.

lège sur le Vicaire de Jésus-Christ, qu'il traîna d'exil
en exil, après avoir proclamé la république romaine ;
un odieux message du 3 mars 1798, signé par Merlin et
« adopté aux acclamations de : Vive la République ! »,
« où l'histoire n'était pas moins outragée que le bon
sens (1), » annonça aux Cinq Cents cet événement
qui, aux yeux de la Révolution, devait être la fin de
l'Église catholique : « Rome libre a été purgée de la
présence du despote, ses armes ont été ôtées, et sa
retraite a donné lieu à une fête solennelle... Qu'il est
beau de porter aujourd'hui le titre de citoyen français
et de voir ce grand peuple éteindre pour jamais les
foudres du Vatican de la même main qui relève au
Capitole les autels de la liberté (2) ! »

1. *La Terreur sous le Directoire* par Victor Pierre, p. 177.
2. *Moniteur*, t. 29, pp. 175-177.

CHAPITRE XII

LA PRISON

(1795-1796)

« La petite ville de Vannes, écrit M. de Closmadeuc (1), fut transformée en place de guerre dans les jours qui suivirent le désastre de Quiberon. La population urbaine, très réduite, se trouvait comme noyée dans une multitude de soldats de toutes armes...

» En raison de la gravité des circonstances, les administrations civiles siégeaient en permanence : la municipalité, à l'hôtel de ville.... Le directoire du département, après avoir d'abord occupé les bâtiments du couvent des Cordeliers, tenait ses séances, en 1795, dans les appartements de l'ancien évêché, devenu plus tard la préfecture, puis démoli lors de la construction de la rue Billault. Le district avait fini par s'y installer également.

» Indépendamment d'une nombreuse garnison, qui logeait en ville chez l'habitant, il y avait deux camps

1. *Bulletin de la Société polymathique du Morbihan* (1897) : La ville de Vannes en 1795 et 1796, p. 142.

pour le gros des troupes, établis l'un à la Madeleine, route d'Auray, l'autre sur la route de Rennes.

» A huit heures du soir, la ville close fermait ses portes. Défense expresse d'y entrer et d'en sortir. Des corps de garde et des postes partout. A chaque instant le pas des patrouilles résonnait sur le pavé ; de quart d'heure en quart d'heure, on entendait les appels des sentinelles, préposées à la surveillance des murs d'enceinte et des prisons... »

Au milieu de cette soldatesque, formée surtout du 10e bataillon du Var, qui traitait d'aristocrates même les patriotes vannetais, et dont la municipalité avait fini par demander le renvoi, M. Rogue exerçait courageusement son ministère apostolique auprès des pauvres malades.

La veille de Noël, 24 décembre 1795, entre neuf et dix heures du soir, il portait le saint viatique à un moribond. Un peu avant d'arriver à la maison (1), il s'aperçut qu'il était suivi par deux hommes fort connus par leurs opinions exaltées et leurs déclamations furibondes dans les clubs ; il dit à la personne qui l'accompagnait d'entrer ; pour lui il allait continuer son chemin, afin d'épargner à la famille du malade les malheurs que sa présence lui aurait infailliblement attirés ; la loi portait en effet les peines les plus graves contre quiconque recélait un prêtre insermenté (2). Mais, à quelques pas de là, en face du

1. Cette maison était située dans la rue Notre-Dame, appelée depuis rue de la Préfecture et actuellement rue de l'Hôtel-de-Ville ; c'est le n° 9 de cette rue.

2. L'article 19 de la loi du 30 vendémiaire an 2 (21 octobre 1793) portait : « Tout citoyen qui recélerait un prêtre sujet à la déportation, sera condamné à la même peine. » Une loi du 22 germinal an 2 (11 avril 1794) le modifia de la manière suivante : « Art. 2. A

département, les misérables, qui le suivaient, l'arrêtent. Un d'eux lui devait son état, et alors même il était, ainsi que ses enfants, l'objet des bienfaits de Mme Rogue. Monstrueuse ingratitude ne rappelant que trop fidèlement celle de Judas !

Aussitôt ils conduisent leur prisonnier au département, où les membres du district étaient réunis en séance. Dans cette assemblée siégeaient plusieurs des anciens condisciples de M. Rogue ; leur présence seule dans cette réunion indique assez quels étaient leurs opinions et leurs principes ; cependant ils s'irritent contre ceux qui leur livrent un homme inoffensif et possédant leur estime. « Nous mettons ce calotin entre vos mains, s'écrient les deux malheureux ; nous le confions à votre garde. — Sommes-nous des gendarmes ? reprennent les administrateurs avec indignation. Allez les chercher, si vous voulez le faire incarcérer. »

Nullement intimidés par cette apostrophe, les traîtres partent à l'instant quérir les agents de la force publique. Alors, avec la plus touchante sollicitude et le plus vif intérêt, les membres du district conjurent M. Rogue de s'évader. « Mais, leur répond le saint prêtre, je ne le puis sans vous compromettre, je suis ici sous votre responsabilité. » Et il reste. Admirable dévouement ! délicatesse héroïque ! Dans ce moment si décisif, il ne pense qu'au châtiment qui peut atteindre les autres, sa charité lui fait oublier le danger qui le menace lui-même.

Craignant de la part de ceux qui allaient le conduire en prison quelques profanations, il annonce qu'il porte

compter de la publication du présent décret, le receleur d'ecclésiastiques [sujets à la déportation] sera regardé et puni comme leur complice. »

sur lui le Saint Sacrement. « Je porte sur moi, dit-il, votre Dieu et le mien ; je désire accomplir un devoir religieux, je vous en demande la permission. » On la lui accorde. Il se retire à un bout de l'appartement, se recueille et consomme les saintes espèces. On raconte que les témoins de cette scène mirent le genoux en terre et s'inclinèrent.

Cet acte de piété rempli, on le laissa seul, dans l'espoir qu'il profiterait de sa liberté passagère pour s'évader ; mais, toujours retenu par la crainte d'attirer des ennuis à ces bienveillants administrateurs, il n'en fit rien. Au bout de quelques instants, les gendarmes arrivèrent, mirent les fers aux mains du captif et l'emmenèrent en prison. Il y demeura depuis le 24 décembre jusqu'au 3 mars suivant (1).

Quand, le lendemain, les habitants de Vannes apprirent l'arrestation de M. Rogue, ce fut une consternation générale dans la ville ; un cri d'indignation s'échappa de toutes les bouches ; les patriotes eux-mêmes, qui l'avaient vu grandir au milieu d'eux, en furent affligés et ne purent s'empêcher d'en témoigner leur mécontentement. Ceux qui l'avaient arrêté furent mal accueillis dans les réunions où les

---

1. La prison, ou la maison de justice, était alors « formée de deux tours qui s'élevaient au-dessus de l'une des portes de la ville, donnant vers la Garenne... Dans le plan de la maison de justice, dressé en 1812 par l'architecte Debaine, la première tour est désignée sous le nom de *tour de la Geôle*, la deuxième : *tour de la Chapelle*. Au cours de la démolition de la deuxième tour *(dite de la Chapelle)* j'ai visité... le cachot de Sombreuil, qui, à peu de chose près, n'était que la répétition de celui qui se voit encore dans la tour *(de la Geôle)* qui est conservée : un appartement polygonal, voûté en pierre, avec une cheminée, éclairé par deux embrasures profondes de 3 mètres 50. » (Dr G. de Closmadeuc, *Bulletin de la Société polymathique du Morbihan* (1897) : Les exécutions d'émigrés et de chouans à Vannes en 1795 et 1796, pp. 90-91.)

prêtres chaque jour étaient outragés et indignement
calomniés, tant était grande l'estime que tous pro-
fessaient pour ce saint prêtre.

Le lendemain de son arrestation, M. Rogue écrivit à
une personne, chez laquelle il devait établir ce jour-là
même sa nouvelle demeure, la lettre suivante, dont la
forme énigmatique, commandée par les circonstances,
ne pouvait compromettre personne :

« Madame,

» Veuillez bien agréer mes remerciements pour le
passé. Mes respects à toute la cour céleste. Oh !
que je suis bien convaincu de la part qu'on y prend à
mon petit accident, (selon le langage du monde.) Mes
respects, je vous prie, au colombier (1). Je souhaite
que les santés y soient meilleures ; la mienne, Dieu
merci, est parfaite, Au revoir, si Dieu le permet ; au
moins sur la route de la grande place, si je pars. Je
vous y donnerai d'un grand cœur, ainsi qu'à toutes les
autres que je verrais avec plaisir à ce moment,
ma dernière et affectueuse bénédiction, au moins
de désir ; mais je n'en suis pas digne. Quoi qu'il en
soit, si le cas arrivait, j'aimerais bien voir tous
mes amis, du moins en passant. Portez-vous bien,
soyez toujours bien sages et bien agissantes, et croyez-
moi pour la vie et pour delà la vie, votre très humble
et très obéissant serviteur, Renotte (2) ».

1. La cour céleste désignait la maison où, la veille, se rendait le
petit père, — c'est sous ce nom qu'il était connu des fidèles — et où
l'attendaient plusieurs personnes, entr'autres huit religieuses.
Le colombier désignait une maison de pieuses personnes, chez
lesquelles il se cachait souvent. (Notes du manuscrit du chanoine
Guesdon.)

2. Renotte était un nom convenu, qui rappelait un de ses noms
de baptême, René.

M. Rogue fut enfermé dans une des tours de l'ancienne prison, où il eut beaucoup à souffrir du froid et de l'humidité ; cependant aucune plainte ne tomba jamais de ses lèvres.

Il consacrait la journée à prier et à donner ses soins aux autres prisonniers ; il les soulageait dans leurs infirmités, les confessait, les consolait, les exhortait à la patience et à la résignation. En leur apprenant ainsi à sanctifier les longues heures de la captivité, il sanctifiait lui-même les derniers moments qu'il avait à passer sur la terre.

Pendant les premiers jours qui suivirent l'arrestation de M. Rogue, le gouvernement, qui opprimait alors la France, sembla vouloir se relâcher de ses rigueurs. Le saint prisonnier, à cette nouvelle qui en aurait réjoui tant d'autres, éprouva une peine si vive, qu'il ne put retenir ses larmes ; il voyait s'échapper la couronne du martyre. Cette perspective jetait son âme dans une profonde tristesse, et le faisait s'écrier souvent avec douleur : « O mon Dieu ! je n'en étais pas digne ! » Le Seigneur fut sans doute touché du désir ardent de son serviteur, qui brûlait de lui sacrifier sa vie ; car cette lueur d'apaisement disparut bientôt, et les lois sanguinaires de la Révolution reprirent leur cours d'exécution.

Le tribunal criminel du Morbihan avait été ramené de Lorient à Vannes par un arrêté des représentants Guezno et Guermeur, au commencement de l'année 1795. Avant ce rétablissement « dans le lieu où une loi non abrogée l'avoit d'abord fixé, écrivaient les administrateurs du département au Comité de législation à Paris (1), les grands exemples de justice étoient pour la plupart ignorés par les malveillans qui

1. *Arch. nat.*, D{{III}}, 171.

désolent ce département ; et les campagnes qui ne sont
malheureusement que trop disposées à embrasser
avidement les erreurs les plus funestes et les plus
nuisibles au système social, ne pouvoient être conte-
nues par le juste supplice qui atteignoit les scélérats
qui les égaroient. » Le tribunal avait été installé à
Vannes, dans les bâtiments du séminaire, à côté de
l'église du Mené, mise à la disposition de l'inspecteur
des vivres « pour loger les bestiaux de la République. »
Le 31 décembre 1795, M. Yves Le Manour, prêtre
à Languidic, fut condamné à mort « comme prêtre
réfractaire aux lois et sujet à la déportation. » Il fut
exécuté dans les vingt-quatre heures sur la place du
Marché, devant le collège, où était dressée la guillotine.
« C'est la seule condamnation capitale, dit M. Le
Mené (1), prononcée contre un prêtre dans l'ancien
séminaire de Vannes. »

Vers le milieu de février 1796, le tribunal criminel
fut transféré du séminaire à la Retraite des femmes.
« La ci-devant chapelle, écrivait l'ingénieur en chef,
Pichot, aux administrateurs du département (2), a été
choisie pour les séances publiques ; les petits parloirs
à gauche, pour les chambres des jurés... ; la chambre
ci-devant de la communauté, pour chambre du conseil
des juges ; et pour le greffe, trois chambres au premier
étage. »

Dans sa prison, M. Rogue composa une complainte,
qu'il chantait fréquemment avec un saint enthousiasme. Il semble qu'à cette époque les prêtres de
Vannes se soient plu à traduire, en des poésies touchantes, les sentiments qui débordaient de leurs âmes

1. *Le séminaire de Vannes*, p. 232.
2. *Arch. dép. du Morbihan*, Q. 299.

éprouvées par la persécution. On peut lire, dans la brochure de M. Cadic sur *les prêtres fidèles de l'évêché de Vannes sous la Révolution* (1), l' « Adieu d'un recteur de l'évêché de Vannes à son peuple au temps de la Révolution, » partant « en pays étranger » parce que « des hommes pervers, sans foi ni loi, ont déclaré la guerre à Dieu. » M. Le Mené, dans son *Histoire du diocèse de Vannes* (2), cite les plus belles strophes de l'élégie du recteur de Bignan, exilé, pleurant les maux de son peuple et leur prêchant encore : « Soyez fidèles à votre foi, à votre loi... ; plutôt mourir mille fois que d'oublier Dieu ! »

M. Rogue aussi chantait dans sa prison le cantique de la délivrance ; sa poésie, qui ne vise ni à l'élégance ni à la richesse de la rime, redit, avec une simplicité touchante, la joie et la reconnaissance du martyr qui va mourir pour la foi, le pardon de la victime qui gémit sur l'aveuglement de ses persécuteurs, et l'offrande sublime qu'elle fait à Dieu de ses souffrances pour la fin des malheurs de son infortunée patrie :

1

Que mon sort est charmant,
Mon âme en est ravie !
Je goûte en ce moment
Une joie infinie.
Que tout en moi publie
Les bontés du Seigneur ;
Ma misère est finie,
Je touche à mon bonheur.

1. Brochure extraite de la *Revue de Bretagne, de Vendée et d'Anjou* (Vannes, 1901).
2. Tome 2, p. 299.

2

J'ai servi Dieu mon Roi,
En imitant son zèle ;
J'ai conservé la foi,
Je vais mourir pour elle.
Que cette mort est belle
Et digne d'un grand cœur !
Priez, peuple fidèle,
Pour que je sois vainqueur.

3

O vous tous, que mon sort
Affecte et intéresse,
Loin de pleurer ma mort,
Tressaillez d'allégresse ;
Tournez votre tendresse
Sur mes persécuteurs ;
Sollicitez sans cesse
La fin de leurs erreurs.

4

Hélas ! ils ne sont plus
Les enfants de lumière,
Puisqu'ils n'écoutent plus
Le successeur de Pierre.
Mais, puisqu'ils sont nos frères,
Chérissons-les toujours ;
N'opposons à leur guerre
Que douceur et qu'amour.

5

O Monarque des cieux,
O Dieu, plein de clémence,

Daigne arrêter les yeux
Sur les maux de la France !
Puisse ma pénitence,
Egale à ses forfaits,
Désarmer ta vengence,
Te la rendre à jamais !

LES TOURS DE L'ANCIENNE PRISON
DE VANNES
(D'après une estampe de la *Bretagne pittoresque*.)

CHAPITRE XIII

LE JUGEMENT

(2 mars 1796)

Le 15 février 1796, le commissaire national du département du Morbihan dénonça à l'accusateur public du tribunal criminel M. Rogue, avec plusieurs autres prêtres, détenus soit à Lorient, soit à Vannes, pour qu'il fût « procédé contre eux, conformément aux lois » concernant les « prêtres sujets à la déportation (1). »

Par un sentiment qui honore sa mémoire, l'accusateur public, M. Lucas Bourgerel, se récusa, ne voulant pas poursuivre un ancien condisciple, dont il avait su apprécier les vertus. Le citoyen Mancel, juge du tribunal, fut désigné à sa place, par ordonnance du tribunal criminel du 5 ventôse (24 février). Cinq jours après, le lundi 29 février, M. Rogue, « prévenu *d'être prêtre réfractaire* », comparut devant ce substitut de l'accusateur public. L'interrogatoire qu'il eut à subir établit les points suivants : il n'avait pas prêté le serment de maintenir la constitution civile du

1. Voir *Pièces justificatives et Notes*, n° XVIII.

clergé(1), ni celui de maintenir la liberté et l'égalité ;
il n'avait pas été déporté et n'était pas sorti de
France ; il avait continué à remplir les fonctions
sacerdotales, après avoir fait la déclaration demandée
par les représentants du peuple, par laquelle il s'engageait à vivre paisible et à contribuer à l'entretien
de la paix et du bon ordre ; il n'avait pas fait la déclaration de reconnaître que l'universalité des citoyens
français est le souverain, et n'avait pas promis soumission et obéissance aux lois de la République.

L'accusateur public concluait, en conséquence, que
« Pierre-René Le Rogue devait être rangé au nombre
des prêtres réfractaires », et il requérait qu'il fût
« traduit dans le plus bref délai devant le tribunal,
pour être jugé conformément aux lois. » Son acte
d'accusation rédigé en la chambre du conseil du
tribunal, le 11 ventôse (1ᵉʳ mars) (2), fut communiqué
le même jour au commissaire du pouvoir exécutif
près le tribunal criminel, qui autorisa les poursuites.

1. L'acte d'accusation est rédigé comme il suit : « Il résulte réellement de l'interrogatoire subit par ledit Le Rogue, devant nous,
le jour d'hier, qu'il n'a pas prêté le serment de maintenir la constitution décrétée par l'article 9 du décret du 24 juillet 1790, réglé par
les articles 21 et 38 de celui du onze du même mois, et par l'article
2 de la loi du 29 novembre de la même année. »

L'article 39 du décret du 24 juillet 1790 (et non pas l'article 9)
porte : « Les évêques et les curés conservés dans leurs fonctions ne
pourront recevoir leur traitement qu'au préalable ils n'aient prêté
le serment prescrit par les articles 21 et 38 du titre II du décret
sur la constitution du clergé. » Ces deux articles du décret, qui
est du 12 juillet 1790, et non pas du 11, ont été cités plus
haut, page 44, note 3. La loi qui imposa à tous les ecclésiastiques
« fonctionnaires publics » l'obligation de prêter le serment schismatique et hérétique, condamné par Pie VI, est du 27 novembre
1790, et non pas du 29 novembre. (Voir plus haut, p. 46.)

2. La minute de cet acte d'accusation est conservée dans un
dossier du tribunal criminel, avec le certificat des deux médecins
chargés d'examiner la santé de M. Rogue le 1ᵉʳ mars 1796. La che-

Et immédiatement le tribunal fixa au lendemain matin l'audience publique pour « l'instruction, examen, jugement de l'accusation portée contre le dit Pierre Le Rogue. »Dans la soirée de ce mardi, 1er mars, sur les quatre heures, MM. Oillic et Castaignet, médecins à Vannes, mandés par le tribunal, se transportèrent à la prison, pour examiner l'état de santé de M. Rogue ; les juges en effet voulaient savoir si le prévenu ne devait pas être rangé parmi les prêtres infirmes, que la loi des 29 et 30 vendémiaire an 2 (20 et 21 oct. 1793) exemptait de la déportation et de la peine capitale ; les médecins rédigèrent un certificat (1), qu'ils remirent au tribunal.

Le lendemain, 2 mars, M. Rogue fut extrait de la prison et conduit au tribunal criminel, qui ouvrit ses assises à huit heures du matin, dans l'ancienne chapelle de la Retraite des femmes, au lieu même où le confesseur de la foi, pendant quelques années, avait exercé les fonctions saintes du sacerdoce. Là où naguère la miséricorde divine, par son ministre, pardonnait aux coupables repentants, la justice des hommes allait prononcer, contre l'innocence même, un des plus rigoureux et des plus injustes arrêts.

L'audience du tribunal était présidée par le citoyen Chesnel, assisté des citoyens Fabre, Le Menez, Leblanc, juges du tribunal criminel, et du citoyen Paturel, juge au tribunal civil, appelé pour remplacer

mise du dossier porte les indications suivantes : « L'accusateur public poursuiv[ant]. — n° 301. — Pierre René Le Rogue, *prêtre réfractaire*. — Dép. le 2 ventôse an 4 [21 février 1796]. Cond[amné] à mort le 12 ventôse an 4 [2 mars 1796]. — Pierre René Rogue. » (*Arch. dép. du Morbihan*, L. 1578, dossier du tribunal criminel, an 4).

1. Voir *Pièces justificatives et Notes*, n° V.

Mancel faisant fonction d'accusateur public ; étaient aussi présents Tahier, substitut du commissaire du pouvoir exécutif, et Taslé, greffier du tribunal.

M. Rogue fut introduit à la barre « libre et sans fers. » Le président l'avertit d'écouter attentivement l'acte d'accusation, dont le greffier donna lecture à haute voix. Ensuite le tribunal procéda à l'interrogatoire de l'accusé, qui est reproduit ici d'après le registre original (1) ?

« Interrogé de ses nom, profession, âge, lieu de sa naissance et de celui de sa demeure ?

« Répond s'appeler Pierre-René Rogue, âgé de trente-sept ans, prêtre de la Congrégation de la Mission, né à Vannes et y demeurant.

« Interrogé s'il a prêté le serment de maintenir la constitution décrété par l'article 39 du décret du 24 juillet 1790, et réglé par les articles 21 et 38 de celui du douze du même mois, et par l'article 2 de la loi du 29 novembre de la même année (2) ?

« Répond qu'il n'a pas prêté ce serment.

« Interrogé s'il a prêté le serment de maintenir la liberté et l'égalité, conformément aux lois des 15 août 1792, 21 et 23 avril 1793 ?

« Répond qu'il ne l'a pas prêté.

« Interrogé s'il a été déporté, s'il est sorti de France avec ou sans passeport, et à quelle époque ?

« Répond qu'il n'a pas quitté le territoire français.

« Interrogé en quelle commune il s'est retiré ?

« Répond qu'il est toujours demeuré à Vannes.

---

1. « Registre d'audience du tribunal criminel du dép^t du Morbihan, commencé le 18 nivôse an 4 [8 janvier 1796] et fini le 1er germinal même année. » Le jugement de M. Rogue remplit six pages de ce registre, du folio 95 au folio 97 verso.

2. Voir plus haut, page 130, note 1.

« Interrogé où il a été arrêté ?

« Répond qu'il a été arrêté à Vannes dans la rue, en passant près le département.

« Interrogé quels sont ceux qui l'ont recelé, pendant le tems qu'il est demeuré caché à Vannes ?

« Répond qu'il n'a rien à répondre.

« Interrogé s'il n'a pas continué pendant tout le tems qu'il est demeuré à Vannes, d'exercer les fonctions sacerdotales ?

« Répond qu'il a exercé depuis sa déclaration.

« Interrogé quelle est cette déclaration, et à quelle époque il l'a faite ?

« Répond que cette déclaration a été faite par lui au mois de prairial dernier, devant l'agent du district de Vannes aux fins de l'arrêté des représentants du peuple, Guezno et Guermeur ; qu'elle consistoit à déclarer qu'il étoit demeuré caché sur le territoire français, par le refus du serment de maintenir la constitution civile du clergé, qu'il promettoit de vivre paisible, et de contribuer à l'entretien de la paix et du bon ordre.

« Interrogé si, conformément à la loi du sept vendémiaire dernier, il a fait devant la municipalité où il a exercé le ministère de prêtre, sa déclaration de reconnaître que « l'universalité des citoyens français » est le souverain, et promis soumission et obéissance » aux lois de la République ? »

« Répond n'avoir point fait cette déclaration, et n'avoir point promis soumission et obéissance aux lois de la République.

« Interrogé pourquoy il est demeuré caché, et ne s'est pas présenté devant les administrations, conformément à la loi des 29 et 30 vendémiaire an second (1)?

1. Ou 20 et 21 octobre 1793.

« Répond que c'étoit pour évité d'être déporté, qu'au surplus il ignoroit l'existence de cette loi. »

Si M. Rogue voulut éviter la déportation, c'est qu'il avait la charge des âmes de la paroisse du Mené, que lui avait confiées M. Le Gal, son supérieur et curé de la paroisse, avant de partir pour l'exil.

Le tribunal lui demanda s'il avait choisi un défenseur. Il répondit « avoir choisi le citoyen Rialland, présent à l'audience. »

Le certificat des médecins, constatant la santé très délicate de M. Rogue, aurait peut-être permis aux juges de le considérer comme « infirme », afin de ne pas lui appliquer toute la rigueur de la loi des 29 et 30 vendémiaire an 2 ; ceux-ci voulurent savoir si les infirmités alléguées l'avaient empêché de remplir ses fonctions au séminaire, et ils continuèrent l'interrogatoire en ces termes :

« Interrogé s'il est sujet à des infirmités, et quelles sont ces infirmités ?

« Répond qu'il a la vue très foible, et une poitrine très délicate.

« Interrogé combien il y a de tems qu'il éprouve cette foiblesse des yeux et de la poitrine ?

« Répond qu'il y a environ dix ans qu'il a la vue foible, et que, dès l'enfance et avant l'âge de douze ans, il avoit essuyé six fluxions de poitrine.

« Interrogé si à l'époque de la Révolution et malgré les infirmités qu'il allègue, il n'étoit pas habituellement livré à des études assidues ; s'il ne remplissoit pas les fonctions de son état, et s'il n'a pas professé la théologie ?

« Répond qu'un an avant qu'on eut congédié les séminaristes, il professoit encore la théologie, qu'il l'avoit professée pendant cinq ans, que, sans être livré

à des études très assidues, [qu'] on n'exigeoit pas même
de lui, en raison de la délicatesse de sa santé, il
remplissoit néanmoins les différentes fonctions de
son état. »

Telles furent ses déclarations et ses réponses. Après
en avoir entendu la lecture, il dit qu'elles contenaient
la vérité ; il les confirma et les signa.

Lorsque l'accusateur public eut soutenu l'accusation,
M. Rialland, avocat à Vannes, après avoir promis de ne
dire que la vérité, présenta la défense avec beaucoup
de talent. Le substitut du commissaire du pouvoir
exécutif fit ensuite « sa réquisition pour l'application
de la loi. » Puis fut donnée lecture de « l'instruction
adressée par le Directoire exécutif aux autorités constituées sur l'exécution de l'article 10 de la loi du 3 brumaire an 4, » (1) et déclarant « aux fonctionnaires
publics », qu'ils répondraient au Directoire, « devant
la loi, de toute espèce de négligence ou de prévarication. » Lecture fut aussi donnée de la lettre du
ministre de la police générale en date du 21 pluviôse
an 4 (10 février 1795) (2), adressée aux commissaires
du pouvoir exécutif près les administrations et les
tribunaux, pour stimuler leur zèle contre les prêtres
réfractaires. Et le tribunal rendit son jugement.

Vu l'acte d'accusation et l'interrogatoire subi ce
jour par l'accusé, il « déclara à l'unanimité que
Pierre-René Rogue, prêtre de la ci-devant congrégation de la Mission, était convaincu d'être un prêtre
réfractaire aux lois, et comme tel d'avoir été sujet à

1. Voir *Pièces justificatives et Notes*, n° XVI, B).

2. Voir *Pièces justificatives et Notes*, n° XVII.

L'acte de jugement donne par erreur à cette lettre la date du
26 pluviôse ou 15 février, qui est celle du numéro du *Moniteur*, où
elle fut publiée.

la déportation, et néanmoins d'être demeuré sur le territoire français après le délai fixé pour son arrestation, embarquement et déportation. »

Considérant que le certificat des médecins « ne constatait point l'état d'infirmité et de caducité, » exigé par la loi des 29 et 30 vendémiaire an 2, pour exempter l'accusé de la déportation, et que cette même loi édictait la peine de mort contre les ecclésiastiques qui n'auraient prêté ni le serment de la constitution civile du clergé, ni le serment de liberté et d'égalité, le tribunal, conformément aux articles de cette loi, « condamna ledit Pierre-René Rogue, prêtre réfractaire aux lois, à la peine de mort, » et ordonna « qu'à la diligence du commissaire du pouvoir exécutif près le tribunal, le présent jugement serait mis à exécution dans les vingt-quatre heures sur la place publique de la commune sans aucun sursis, recours ou demande en cassation (1). »

M. Rogue entendit cette sentence avec le calme d'une conscience pure ; se mettant à genoux, il dit : « Je vous rends grâces, ô mon Dieu ! de ce que vous me jugez digne aujourd'hui de mourir pour la foi, et d'entendre prononcer ma sentence de mort dans un lieu où si souvent j'ai prêché votre parole et exercé les fonctions d'un ministère auguste. »

A cette audience assistait l'héroïque mère du condamné. Qu'on juge de la douleur qui dut transpercer son cœur, en entendant porter l'inique sentence contre l'enfant unique que le ciel lui avait donné et qui n'avait cessé d'être pour elle le meilleur des fils. Avant de quitter le tribunal, on permit à M. Rogue de faire ses adieux à sa mère. Qui pourrait

1. Voir *Pièces justificatives et Notes*, n° XIX.

redire les derniers épanchements du cœur de la mère désolée et du fils si aimant et reconnaissant ?

Au moment où se passait cette scène déchirante, propre à attendrir le ciel et la terre, un des bleus, peut-être un de ceux qui avaient commis des actes de sauvagerie contre les malheureux fusillés au Bondon le 25 août précédent (1), s'adressant à Mme Rogue, lui dit ces paroles, qu'un cannibale aurait rougi de prononcer : « C'est là ton fils, citoyenne ? » Et, sur sa réponse affirmative : « Eh bien ! tu as élevé un monstre !... » On a peine à transcrire de semblables paroles. Les monstres n'étaient pas les victimes, mais bien ceux qui les mettaient à mort.

1. Cf. *Bulletin de la Société polymathique du Morbihan*, année 1897 : Les exécutions d'émigrés et de chouans à Vannes en 1795 et 1796 (affaire de Quiberon), par le Dr G. de Closmadeuc, pp. 117 et suiv.

CHAPITRE XIV

LE MARTYRE

(3 mars 1796)

Du tribunal M. Rogue fut ramené à la prison. Là il écrivit à sa mère une dernière lettre : il l'encourageait à faire généreusement son sacrifice, l'assurant que Dieu les réunirait un jour dans un monde meilleur ; il la remerciait des soins qu'elle lui avait prodigués pendant son enfance et de la tendre affection dont elle lui avait donné tant de preuves, et il lui recommandait bien instamment de ne point retirer à celui qui l'avait arrêté, les secours qu'elle donnait, depuis plusieurs années, à ce misérable et à ses enfants. Par cet acte héroïque de charité, M. Rogue, accomplit à la lettre le précepte du divin Maître: Faites du bien à ceux qui vous persécutent ; rendez le bien pour le mal.

Le même jour, le tribunal avait condamné à la peine de mort, et pour les mêmes motifs que M. Rogue, M. Alain Robin, prêtre du diocèse de Vannes, vicaire à Inzinzac ; il n'avait pas prêté le serment, et ne

s'était pas conformé aux lois iniques de la déportation (1).

Après avoir écrit à sa digne mère, M. Rogue adressa
à ses amis la lettre suivante :

« Messieurs et chers confrères,

« Dieu m'accorde la même faveur qu'à notre ami
Robin ! Je me recommande à vos prières. J'espère
que vous ne me les refuserez pas. Il a fallu ajouter à
la croix dont Dieu me fait l'honneur de me charger,
celle de ne pouvoir vous embrasser pour la dernière
fois. Dieu m'a encore ménagé celle de voir au tribunal
ma pauvre mère, qui s'y est transportée comme une mère
de douleurs, mais avec des sentiments de religion que
je désirais ; priez pour elle, je vous en supplie... Il
paraît que l'expédition se fera sur les dix heures.
Aimons-nous toujours, pour le temps et pour l'éternité. *Amen*. »

Depuis que M. Rogue était en prison, on avait tenté,
à différentes reprises, tous les moyens possibles pour
procurer son évasion. Mais il s'y était toujours opposé.
Après sa condamnation, on le conjura avec les plus
pressantes instances de céder aux vœux de ses amis,
mais toujours en vain. Il craignait trop, disait-il, de
faire peser sur ses confrères captifs de nouvelles
rigueurs, et de compromettre ceux qui étaient chargés
de le garder. Oh ! prêtre vraiment bon et chari-
table ! il ne redoute pas la mort, il ne craint que
d'exposer son prochain à souffrir pour lui !

Il employa la nuit qui précéda sa mort à prier Dieu,

1. Après M. Rogue et M. Robin, le tribunal criminel du Morbihan
condamna encore à la peine capitale, en mars 1796, quatre ecclésiastiques du diocèse de Vannes comme prêtres réfractaires.

à consoler et à soutenir le courage de ses compagnons de captivité. Ainsi faisaient les martyrs des premiers siècles de l'Église ! On raconte qu'un jeune sergent qui le gardait dans la prison pendant cette dernière nuit, fut tellement touché du calme, de la résignation, de la charité et de la joie céleste qui brillait sur les traits de l'innocent captif, qu'étant rentré dans son logement, il demanda un prêtre. On parvint avec beaucoup de peine à lui en trouver un, parce que les ministres fidèles étaient à Vannes en très petit nombre, et que d'ailleurs on n'osait pas trop se fier à un soldat républicain ; il se confessa et protesta qu'il aimerait et pratiquerait désormais la religion, autant qu'il l'avait haïe et persécutée en Vendée, où il s'était montré violent et cruel.

Parmi les compagnons de captivité de M. Rogue se trouvait M. Alain Robin, qui devait être exécuté, lui aussi, le lendemain. Moins fort dans la foi que son frère dans le sacerdoce, il pleurait et ne pouvait se résigner à mourir. M. Rogue, dans ce pénible combat de la nature, fut pour lui l'ange consolateur : il l'embrassa, l'exhorta à la mort, lui parla du bonheur de donner sa vie pour la foi, l'entretint du bonheur du ciel où ils allaient bientôt jouir de la béatitude éternelle, puis il pria avec lui et s'efforça de faire passer dans son âme le courage et la résignation qui étaient dans la sienne. Il réussit, car M. Robin se rendit au supplice avec les sentiments que M. Rogue lui avait inspirés, et il mourut plein de foi et d'espérance.

Le jeudi, 3 mars, jour de la mort de M. Rogue, fut pour la ville de Vannes un jour de deuil et de consternation. A trois heures de l'après-midi, le saint prêtre sortit de la prison, les mains liées derrière le dos, comme un vil criminel ; il fut conduit, par les douves du

Mené, au lieu de l'exécution. Sur ses traits se reflétait la paix céleste qui régnait dans son âme.

A ce moment suprême, toute la ville fut dans un émoi difficile à rendre : des larmes étaient dans tous les yeux ; il semblait que chaque famille allait être frappée dans le plus aimé de ses enfants ; les uns accouraient voir pour la dernière fois l'homme de Dieu qui, à l'exemple du divin Maître, avait passé sur la terre en faisant le bien ; les autres, pâles et tremblants, muets de douleur ou éclatant en sanglots, se renfermaient chez eux pour prier.

Mais tandis que tous pleuraient, comme on pleure à la mort d'un fils unique, que se passait-il dans l'âme délicate du héros de la religion marchant à la mort ? Ce serait au ciel à nous l'apprendre. Oh ! sans doute, il bénissait du fond de son cœur, ainsi qu'il l'avait promis, les personnes amies qu'il rencontrait sur son passage ; et dans l'effusion de son âme, il renouvelait à Dieu le sacrifice de sa vie fpour l'expiation des crimes de la France et pour la fin de la persécution. En passant devant le séminaire, quel doux et long regard d'adieu il dut jeter sur la maison, où il avait vécu de si heureux jours dans l'amour et la pratique de tous les devoirs, au sein de la plus franche et de la plus cordiale amitié !

Arrivé au pied de l'instrument du supplice, tout près du cher collège où il avait consacré à Dieu les prémices de son cœur, il se livra au bourreau avec une résignation parfaite et prononça les paroles du divin Sauveur Jésus expirant sur la croix : *In manus tuas, Domine, commendo spiritum meum,* Seigneur, je remets mon âme entre vos mains. Au même moment un ange quittait la terre, et le ciel recevait un bienheureux (1).

1. Voir *Pièces justificatives et Notes,* n° XX.

Aussitôt les fidèles se précipitèrent en foule sous la guillotine, sans être arrêtés par la crainte des gendarmes et des soldats, afin de tremper des serviettes et des mouchoirs dans le sang du martyr (1). C'est par allusion à ces faits, que le général Hoche écrivait, quelque temps après, au Directoire : « ... On guillotine des prêtres à Vannes tous les jours. Tous les jours aussi, les vieilles femmes et les jeunes garçons viennent tremper leurs mouchoirs dans le sang de ces malheureux, et ces monuments d'horreur servent de drapeaux aux fanatiques habitants des campagnes, qui se font égorger, afin d'aller plus vite en paradis. »

Les soldats, en revenant de l'exécution, profondément touchés du spectacle auquel ils avaient assisté, exprimaient hautement l'admiration et le respect que M. Rogue leur avait inspirés. Ce n'était pas un homme, disaient-ils, c'était un ange !... Est-il possible qu'on fasse de semblables victimes !

Dans ce concert unanime de louanges et de bénédictions, on n'entendit pas une voix malveillante troubler cette harmonie de la piété, de la douleur et de la reconnaissance ; et dans un temps où l'on a vu les vertus les plus pures outragées par la calomnie, les réputations les plus honorables flétries par de viles accusations, les intentions les plus innocentes dénaturées par d'odieuses insinuations, M. Rogue a joui, presque

1. « Plusieurs familles de Vannes, écrivait en 1856 le chanoine Guesdon, gardent encore avec vénération, comme de précieuses reliques d'un saint martyr, des fragments de ces linges ensanglantés. Nous-même nous avons le bonheur d'en posséder. »

« Quant à M. Rogue, la vénération qu'on avait pour lui était si grande, qu'on vit plusieurs personnes s'approcher de l'échafaud, dès qu'il eut été exécuté, et tremper dans son sang des linges, que l'on distribua ensuite comme des reliques. » (*Histoire de la persécution révolutionnaire en Bretagne*, par l'abbé Tresvaux, t. 2, pp. 219-220).

seul, de cette heureuse exception, qui n'a pas permis à un seul trait de l'envie et de la méchanceté d'arriver jusqu'à son nom et à sa mémoire.

Le jeudi soir, il fut enterré au grand cimetière, dans l'endroit même où l'on voit aujourd'hui son tombeau. Cinq personnes seulement osèrent assister à son inhumation, tant les malheurs de ce temps-là avaient inspiré de crainte et d'effroi ! Une d'elles écrivit le nom de M. Rogue sur une ardoise et la jeta sur le cercueil, avant qu'on le couvrît de terre, afin que plus tard il fût possible de retrouver ses précieux restes. Les fidèles, depuis ce moment, n'ont cessé de visiter le lieu de sa sépulture et de l'environner de leur vénération.

Dès que les jours mauvais eurent fait place à des jours plus sereins, Mme Rogue fit mettre une croix sur la tombe de son cher enfant. Après la mort de la pieuse mère, arrivée en 1812, des âmes dévouées se chargèrent de son entretien jusqu'en 1856.

A cette époque un très digne prêtre de Vannes, l'abbé Alexandre Guesdon (1), voyant tomber en ruines la modeste croix de bois, à laquelle pendaient de nombreux ex-voto, résolut d'élever un monument durable à la mémoire du martyr. Accompagné de son jeune ami, M. l'abbé Morio, vicaire à la cathédrale, rempli de vénération, lui aussi, pour le « saint prêtre martyr, » il recueillit dans la ville une centaine de souscriptions, recevant partout un accueil empressé (2).

1. Voir sa notice à la fin de l'Avant-propos de cet ouvrage.

2. Parmi les souscripteurs, dont le chanoine Guesdon a conservé la liste à la fin de sa biographie de M. Rogue, on remarque les noms d'un grand vicaire, de plusieurs chanoines, du Supérieur et des « régents » du séminaire, du curé et des vicaires de St-Patern, de recteurs, d'aumôniers, du R. P. Supérieur des Jésuites, de « Mme la Supérieure du Grador » ou de la Retraite, des Sœurs de St-Vincent

Le conseil municipal de Vannes, sur leur demande, se fit un honneur d'accorder « la concession gratuite du terrain, au cimetière, » où serait élevé le monument « à la mémoire de l'abbé Rogue. (1) »

Ce monument, dont le chanoine Guesdon traça lui-même le dessin et surveilla soigneusement l'exécution, est un tombeau en granit, surmonté d'une croix en marbre blanc (2). De chaque côté, sur des consoles,

de Paul, et de Supérieures d'autres communautés ; les personnes du monde, qui figurent dans cette liste, sont de toutes les conditions ; on y trouve même des domestiques, sans parler de « Julien, portier au séminaire. » Au nombre des souscripteurs est le chanoine Flohy, que l'abbé Tresvaux nomme dans son *Histoire de la persécution révolutionnaire en Bretagne* (t. 1, p. XVI), comme un de ceux qui l'ont aidé dans son travail.

1. Dans la séance du 20 mai 1857, la délibération suivante fut prise concernant une « concession de terrain au cimetière » pour l'« abbé Rogue » :

« Le Conseil, sur l'exposé de M. le Maire, accorde, à la demande de MM. l'abbé Guesdon et Morio, la concession gratuite du terrain nécessaire à la construction, au cimetière, d'un monument élevé par souscription à la mémoire de l'abbé Rogue, exécuté à Vannes, le 3 mars 1796. » (*Arch. comm. de Vannes*, Reg. des « Délibérations du 10 août 1854 au 9 août 1859. »)

2. « Nous devons des remerciements, a écrit le chanoine Guesdon à la fin de sa biographie manuscrite de M. Rogue, à M. l'abbé Guillemette, recteur de Croixanvec, qui a bien voulu faire extraire de sa belle carrière de l'Ile-aux-Moines, et transporter, à ses frais et dépens, au quai de Vannes, les magnifiques blocs de granit, qui forment le piédestal de la croix du monument de M. Rogue. Honneur au bon prêtre, qui a su si bien glorifier la mémoire d'un confrère mort pour la foi !

» Nous devons aussi l'hommage de notre profonde gratitude aux souscripteurs, qui, avec un zèle et un empressement au-dessus de tout éloge, ont contribué à perpétuer le souvenir de celui qui fut si tendrement aimé de nos pères, et qui a constamment été l'objet de leur vénération et de leurs regrets.

» Nous ne saurions oublier, dans cette effusion de notre reconnaissance, le conseil municipal de Vannes, qui, à l'unanimité, a donné gratuitement et à perpétuité le terrain sur lequel est placé le tombeau de M. Rogue. Un tel ensemble de suffrages honore également ceux qui les donnent et celui qui en est l'objet. »

LE MONUMENT DE M. ROGUE
AU CIMETIÈRE DE VANNES

sont placées deux statuettes d'anges, portant les emblèmes de la Foi, de l'Espérance, de la Charité et de la Religion ; sur la face antérieure, a été gravée l'inscription suivante :

†

ICI REPOSE

LE CORPS DE

MONSIEUR

PIERRE-RENÉ

ROGUE

PRÊTRE DE LA MISSION

PROFESSEUR

AU G[RAN]D SÉMINAIRE

NÉ A VANNES

LE 11 JUIN 1758

MORT LE 3 MARS 1796

MARTYR DE LA FOI.

Sur la face opposée, on lit des passages tirés de l'Ecclésiaste et des Machabées, qui sont le résumé de de la vie du saint prêtre martyr :

DÈS SA JEUNESSE

IL TOURNA SON CŒUR

VERS LE SEIGNEUR.

DANS UN TEMPS

DE PÉCHÉS

IL AFFERMIT

SES FRÈRES

DANS LA PIÉTÉ.

IL REFUSA

DE VIOLER

LA SAINTE LOI

DE DIEU,

ET IL FUT

IMMOLÉ.

Ce monument fut restauré, vers 1902, par les soins d'une pieuse personne de Vannes, devenue la servante des pauvres malades dans la famille de Saint-Vincent de Paul, et qui, tout enfant, conduite par sa mère, avait la dévotion d'aller prier sur la tombe du martyr.

La mère de M. Rogue, en mourant, avait demandé à être enterrée à côté de son fils. Ses dernières volontés furent fidèlement exécutées. Après avoir été unis pendant la vie, la mort même n'a pu les séparer (1).

Une potence, placée à côté du tombeau, reçoit les ex-voto, que les fidèles, dans leur piété et leur confiance au pouvoir de M. Rogue auprès de Dieu, viennent continuellement y suspendre. On cite un grand nombre de guérisons obtenues par son intercession. Ainsi, après avoir été secourable aux malheureux, lorsqu'il était sur la terre, ce martyr de la foi les protège encore du haut des cieux, en se faisant leur interprète devant Dieu : tant il est vrai que la mort des saints est précieuse devant le Seigneur et que leur mémoire est éternelle !

Le peuple de Vannes a toujours regardé M. Rogue comme un saint, et ce nom a été transmis de génération en génération pendant le siècle dernier jusqu'à nos jours, pour désigner le généreux confesseur de la foi. Comme preuve de cette assertion, il suffira de citer ce fait arrivé, à la fin d'août 1906, à un prêtre de la Mission de Saint-Vincent de Paul qui, par dévotion, allait prier sur le tombeau de M. Rogue. Ignorant à quel endroit se trouvait le monument, il demanda à la gardienne du cimetière : « Où est la tombe

---

1. « Il nous souvient encore, écrit le chanoine Guesdon, qu'aux jours de notre enfance, nous avons vu la croix de la mère à la droite de celle du fils. »

de M. Rogue ? » — « Ah ! dit-elle, après un instant
de réflexion, de *saint Rogue ?* » — Elle donna quelques
indications sommaires et peu précises, si bien que le
missionnaire, arrivé vers le milieu du cimetière, au
lieu de prendre une allée à droite, se dirigea de l'autre
côté ; perdu au milieu des tombes, et ne pouvant
trouver celle qu'il cherchait, il avisa deux femmes du
peuple qui ornaient un petit monument à quelques pas
plus loin. « Pourriez-vous dire où est le tombeau de
M. Rogue ? » leur demanda-t-il. L'une d'elles, répondit :
« Ici, à droite, il y a *un saint ;* c'est le tombeau d'*un
saint.* » Un instant après, le prêtre de la Mission
était agenouillé sur la tombe de M. Rogue, son saint
confrère, qu'il priait et invoquait de toute l'ardeur de
son âme.

L'abbé Tresvaux, dans son *Histoire de la persécution
révolutionnaire en Bretagne* (1), écrit ces lignes au
commencement de la notice qu'il a consacrée au
vénéré martyr : « Parmi les prêtres qui perdirent la
vie dans le courant du mois de mars, on regretta
surtout M. Rogue, prêtre du séminaire, et qui avait
une réputation de sainteté depuis longtemps bien
établie à Vannes. » Pierre-René Rogue, prêtre de la
Mission de Saint-Vincent de Paul, professeur de
théologie au grand séminaire et vicaire de Notre-
Dame du Mené à Vannes, est en effet le prêtre dont
la mort a causé la plus profonde émotion dans la cité
vannetaise pendant la grande Révolution, parce qu'il
a été un vrai martyr de la foi (2). Les juges qui le

1. Tome 2, page 219.

2. C'est le nom que les cardinaux, archevêques et évêques de
France « sortis du royaume par suite de la constitution civile du
clergé, » donnaient aux généreux athlètes de Jésus-Christ, morts
pour la foi, dans leur *Instruction sur les atteintes portées à la
Religion.* Après avoir parlé des victimes de la déportation, des pri-

condamnèrent à mort, les soldats et le bourreau qu[i]
exécutèrent la sentence, étaient les instruments des
impies législateurs, qui avaient voté les lois criminelles, alléguées contre lui par le tribunal, lois
schismatiques, hérétiques ou impies, votées en haine
du prêtre, en haine de la religion, en haine de Dieu.
C'est bien ainsi que les envisageait l'héroïque confesseur de la vérité catholique : « Je vais mourir pour
la foi » ! chante-t-il avec bonheur dans sa prison.
Quand il voit, un moment, s'évanouir le rêve de
verser son sang pour Jésus-Christ : « O mon Dieu,
s'écrie-t-il, je n'en étais pas digne ! » Puis quand ses
vœux sont comblés, il se jette à genoux devant ses
juges, et entonne le cantique de la reconnaissance :
« Je vous rends grâces, ô mon Dieu, de ce que vous
me jugez digne aujourd'hui de mourir pour la foi ! »
Entre les mains du bourreau, alors qu'il est au terme
de sa vie, après quinze années d'un fécond et saint
apostolat, il redit la touchante invocation de la prière
liturgique du soir : *In manus tuas, Domine, commendo*

sons, de l'échafaud, des pontons et des noyades, ils disent (p. 72) :
« Mais abrégeons ces horribles détails ; et essayons plutôt de nous
consoler de tant de pertes, par la vue du bienheureux terme, où
sont parvenus ces glorieux *Martyrs*, qui n'ont point voulu racheter
leur vie présente, afin d'en trouver une meilleure dans la résurrec-
tion (Hebr. XI, 35). » Et ils leur appliquent un long passage que
« le grand évêque de Carthage (saint Cyprien, epist. VIII) écrivoit
à l'honneur des Martyrs de son temps, » et qui se termine ainsi :
« Heureuse notre Église, au milieu des maux qui l'accablent, de
voir la divine miséricorde répandre sur elle une si brillante
lumière ! Heureuse notre Église, d'être illustrée par le sang glorieux
des Martyrs ! Au temps de la paix, les bonnes œuvres d'un grand
nombre de nos frères lui donnoient une céleste blancheur ; maintenant le sang des Martyrs lui donne l'éclat de la pourpre. Ni les
lis, ni les roses ne manquent à sa couronne. » Cette *Instruction*,
datée du 15 août 1798, porte les signatures de 49 évêques, parmi
lesquelles figure celle de Mgr « Sébastien-Michel » Amelot,
« Evêque de Vannes. »

spiritum meum, Seigneur, je remets mon âme entre vos mains. C'est le roi des Martyrs, Jésus, qui la lui a enseignée, après avoir pardonné aux Juifs, qui le clouaient à la croix, pour se libérer de son « despotisme (1). » Comme son divin Maître, il remet son âme entre les mains de Dieu, son Père, qu'il a toujours aimé, qu'il a fait régner dans les âmes, et qui est son partage pour l'éternité. Le peuple chrétien, dès lors, le proclame saint ; il s'empresse, au milieu des bourreaux, de se procurer des reliques du saint martyr ; et ce renom de sainteté se perpétue, même après plus d'un siècle : Monsieur Rogue est un saint ! La voix du peuple, dit-on, est la voix de Dieu ; la sentence du peuple catholique de Vannes, par suite de nombreuses guérisons accordées sur le tombeau du saint, semble avoir été ratifiée par Dieu. Daigne notre mère la sainte Église la confirmer à son tour, en plaçant, suivant la procédure canonique, M. Pierre-René Rogue au catalogue des bienheureux et saints Martyrs !

1. *Nolumus hunc regnare super nos.*

PIÈCES JUSTIFICATIVES ET NOTES

I

ACTE DE NAISSANCE DE PIERRE-RENÉ ROGUE

(Extrait du registre des baptêmes et des mariages de la paroisse Saint-Pierre de Vannes pour l'année 1758 :)

L'an de grace mil sept cent cinquante huit, l'onze juin, je soussigné curé de la paroisse Saint Pierre de Vannes, ay baptisé un fils, né du même jour du legitime mariage du sieur Claude Rogue, marchant chapelier, et de d^lle Françoise Loisaux. On luy a imposé les noms de Pierre René ; [le] parain a été le sieur Pierre Aubin, et maraine d^lle Renée Marie Charlotte le Bourdiec, épouse du sieur Thebau Quennec ; le père absent pour affaires.

[Signé :] la Quennec, Pierre Aubin, G. Riaud curé.

(*Archives communales de Vannes,* État-civil ancien).

II

LA CHAPELLENIE DE LA BOISTELLERIE (1)

A). *Etat de la chapellenie en 1730.*

(Pouillé Javary de la cathédrale d'Angers, fait en 1724, revu, corrigé et augmenté en 1730, fol. 146 v° :)

1. Cette chapellenie est appelée « de la Boistellière, ou Boestellerie, ou Bonnetellière » (Pouillé Javary, *Arch. dép. de Maine-et-Loire,* G. 278). A l'exemple de M. Rogue, c'est la deuxième dénomination « Boestellerie » ou Boistellerie, qui a été adoptée ici et dans les chapitres précédents.

Boestellière ou Bonnetellière.	La chapelle de la Boistellière ou Boestellerie ou Bonnetellière du coté gauche.
—	Des fêtages du grand archidiacre.
Rogue 11 aoust 1722	A la présentation de M. le Chantre suivant la conclusion du 15 mars 1723 — f.115.
	Doit 38 messes par an à l'autel de la Madeleine. 19^l
	Doit au boursier des anniversaires pour les deniers ordinaires. . 1^l 13^s 7^d
	Doit au bureau des décimes . . . . . .
	Revenu : Une closerie paroisse de Foudon, où il y a 4 journaux de terre et un bois taillis. . . . . . 80^l.

(*Arch. dép. de Maine-et-Loire*, G. 278.)

B). *Bail à ferme du 20 avril 1782 :*

Le vingtième jour d'avril mil sept cent quatre vingt deux avant midy, par devant les conseillers du Roy et de Monsieur, fils de France, frère du Roy, notaires à Angers soussignés,

Furent présents M. Jean-François Rogue agréé à plaider en la juridiction consulaire de cette ville, y demt rue Baudrière, paroisse St-Maurice, au nom et comme ayant charge de M. Pierre-René Rogue, diacre, demt à Vannes, paroisse St-Pierre, titulaire de la chapelle de la Boistellière, desservie en l'église d'Angers, d'une part ;

Pierre Flon, laboureur, demt au lieu de la Boistellière, paroisse de Foudon, tant en son nom que se faisant fort de Marie Dubois, sa femme, par laquelle il s'oblige de faire ratifier ces présentes et la faire obliger solidairement avec luy à l'exécution du bail cy-après, et d'en fournir acte valable aud. Sr Rogue, audit nom, dans un an prochain, à peine de tous dépens, dommages et intérêts, ces dites présentes demeurantes néanmoins en leur force et teneur, d'autre part.

Lesquels sont convenus du bail à ferme qui suit, c'est à savoir que le dit Sr Rogue, audit nom, a donné et donne aud. titre de ferme aud. Pierre Flon, ce acceptant, pour le temps et espace de sept années entières et consécutives, qui commenceront au jour et fête de Toussaint prochain et finiront à pareil jour de l'année mil sept cent quatre vingt neuf,

Le lieu et closerie de la Boistellière, situé dite paroisse de Foudon, comme il se poursuit et comporte, qu'il dépend du temporel de la dite chapelle de la Boistellière, et que les dits preneurs ont dit bien savoir et connaître, pour en jouir actuellement...

A la charge par lesd. preneurs de jouir et user dud. lieu comme un bon père de famille sans y commettre ny souffrir qu'il y [soit] commis aucunes dégradations, malversations ny usurpations, de le tenir, entretenir en bon état de réparations, à quoy locataires sont ordinairement tenus suivant l'usage......

Ce bail ainsi fait aux conditions cy-dessus, et outre pour en payer de ferme par chaque année de cedit bail par lesd. preneurs aud. Sr Rogue, aud. nom, en sa maison en cette ville, la somme de quatre vingt dix neuf livres, payable à deux termes égaux, de Noël et Pasques, dont le premier payement montant à quarante neuf livres dix sols se fera à Noël mil sept cent quatre vingt trois, et le second à Pasques suivant, et ainsi continuer d'année en année jusqu'à la fin du présent bail, que lesd. preneurs ne pourront céder ny transporter à autres sans l'exprès consentement dud. Sr Rogue, aud. nom, auquel ils fourniront copie des présentes à ses frais, et les feront enregistrer au Bureau des insinuations des gens de main-morte, le tout incessamment et à leurs frais. A quoi tenu, etc., dommages, etc...

[Signé :] Rogue, Voisin [et] Lechalas, notaires.

(*Minutes* de l'étude de Me Georges Cherière, rue Saint-Denis, 2, à Angers).

III

ACTE DE MARIAGE
DE CLAUDE ROGUE ET DE FRANÇOISE LOISEAU

(Extrait des registres de la paroisse St-Jean le Viel de la ville de Bourges :)

L'an mil sept cent cinquante cinq, le douze août, après la publication de deux bans du futur mariage d'entre Claude Rogue, chapelier, âgé d'environ vingt-huit ans, fils majeur de feu René Rogue, procureur ès juridictions consulaires d'Angers, et de Marie-Anne Jacquesson, pour lui d'une part, de la paroisse de Saint-Pierre le Guillard, et de Françoise Loyseau, âgée de vingt six ans, fille majeure de Claude Loyseau, marchand pelletier, et de feue Juliette Bourgeois, de la paroisse de Saint-Germain l'Auxerrois, ville et diocèse de Paris, pour elle d'autre part ;

Vu la dispense de la publication d'un ban, ainsi que des interstices entre les fiançailles et le mariage, accordés par M. Gautier, vicaire général de son Eminence Monseigneur le Cardinal de la Rochefoucault, en date du onze de ce mois, infirmés le même jour ;

Vu aussi le certificat des trois publications faites en l'église paroissiale de Saint-Germain l'Auxerrois, ainsi que le congé délivré par le Sr Figneau, vicaire, en date du huit de ce mois, les sceaux y étant apposés ;

Vu en outre le certificat de la publication de deux bans faite en la paroisse de Saint-Pierre le Guillard, ainsi que le congé du Sr Curé de la dite paroisse en date du onze de ce mois ;

Comme aussi le consentement par devant notaire de Marie-Anne Jacquesson, mère de l'époux, en date du sept juillet dernier, signé : Marie-Anne Jacquesson, veuve de René Rogue, Rogue, Bourgery, Carré, scellé le même jour et an, signé : de Laage, légalisé le huit juillet de la même année ;

Comme aussi le consentement du Sr Curé de Saint-Maurice de la ville et diocèse d'Angers, ainsi que l'extrait mortuaire de René Rogue, délivré le huit juillet dernier, signé : Curé de Saint-Maurice ;

Le tout bien vu et considéré, et ne se trouvant aucun empêchement, toutes les cérémonies de notre mère la sainte Église canoniquement observées, je, soussigné, prêtre, curé de cette paroisse, ai reçu les parties à la bénédiction nuptiale, que je leur ai donnée après leur mutuel consentement, pris en présence de Henry Herpin, marchand bourrelier, Jacques Rodon, marchand teinturier, amis de l'époux, Claude Loyseau, marchand perruquier, frère de l'épouse, Michel René Fouquet, beau-frère de la dite épouse, de Marie Levassor, de Marie Loyseau, de Catherine Evezard et de plusieurs autres parents et amis, qui ont signé avec nous. [Suivent les signatures].

(*Arch. comm. de Bourges*, État-civil).

IV

TITRE CLÉRICAL DE PIERRE-RENÉ ROGUE

Titre clérical du Sr Pierre René Rogue.

Devant nous notaires royaux de la sénéchaussée et présidialité de Vannes, et apostolique du diocèse du dit Vannes, a comparu Demoiselle Françoise Loiseau, veuve du Sr Rogue, demeurant au haut des Lices, paroisse Saint-Pierre de cette ville, laquelle a de son bon gré assigné sur tous ses biens présents et futurs au Sr Pierre René Rogue, son fils, clerc tonsuré, demeurant au dit Vannes, sur ce présent et acceptant la somme de quatre-vingt livres de rente annuelle et viagère pour lui tenir lieu de titre d'un revenu compétant, requis de droit par les ordonnances synodales du diocèse pour subsister honnêtement dans l'état ecclésiastique, où il se dispose d'entrer sous le bon plaisir de Mgr l'évêque de Vannes ; la ditte rente à prendre et à toucher spécialement sur un contract de constitut au rapport des notaires royaux soussignés, du 19 de ce mois, collationné à Vannes, ce jour,

au principal de 1600[1], consenti par Dame Renée
Louise Victoire de La Landelle, Veuve et Douairière
de M. René Joseph Maxime, Chevalier Seigneur de
Lesquin, à la ditte D^elle Veuve Rogue ; au moyen de
quoi elle consent que le Sr Pierre René Rogue son fils
jouisse et dispose du revenu annuel de la ditte rente
de 80 livres, porté au dit contract de constituts, promettant de lui en remettre à cette fin une délivrance
en veslin, à commencer la ditte jouissance du jour
de sa promotion à l'ordre sacré de sous-diaconat. Et
pour plus grande sûreté du revenu annuel de la ditte
rente ont en l'endroit comparu le Sr Jean Guillemé
Brulon, négotiant en cette ville, y demeurant rue
Saint-Vincent, et le Sr Pierre Aubin, père, demeurant
au dit Vannes, lesquels se sont volontairement rendu
caution de la ditte donataire, et se sont jointement et
solidairement avec elle obligés de fournir au dit
Sr Pierre René Rogue la ditte rente annuelle et viagère
de 80 livres, comme est cy devant dit. A tout quoi
faire tenir et accomplir, les dittes parties ont obligé
et hypotéqué tous leurs biens en général sans discussion, renonçant à tout droit à ce contraire. Fait et
passé au dit Vannes, après lecture, en l'étude et au
rapport de Hervieu notaire soussigné, sous les seings
des dittes parties et les notres, ce jour 20 septembre
1780 avant midi.

Ainsi signé sur la minute : Françoise Loiseau
Ve Rogue, Pierre René Rogue acolythe, Brulon, Aubin
père, Le Ridaut not^re royal et Hervieu autre not^re royal.

Collationné à Vannes le dit jour, 20 septembre
par de la Hauvelay, qui a recu six livres six sols.

(*Arch. dép. du Morbihan*, G. 331, fol. 20.)

V

CERTIFICAT DE DEUX MÉDECINS DE VANNES SUR LA SANTÉ DE M. ROGUE

(Le 1er mars 1796, deux médecins de Vannes, à la
demande des juges du tribunal, examinèrent la santé

de M. Rogue et rédigèrent le certificat suivant :)

Nous officiers de santé de la commune de Vannes certifions que ce jour onze ventose de l'an quatre de la République françoise, nous être transportés sur les quatre heures après midy à la prison de cette ville pour y visiter le nommé Pierre René Rogue détenu en la ditte maison ; le visitant nous avons remarqué qu'il avoit la vue très foible et qu'il ne pouvoit fixer le jour qu'avec peine, ce qui paroit être la suitte des différentes fluxions qu'il a essuié ; il est de plus d'un foible tempérament, et ayant une poitrine très délicate. Vannes, ce 11 ventose l'an 4 de la République françoise. [Signé] : Oillic, Castaignet.

(*Arch. dép. du Morbihan*, L. 1578, dossier du tribunal criminel, an 4, M. Rogue).

VI

PERSONNEL DES DIRECTEURS DU SÉMINAIRE DE VANNES
EN 1790

(Un « Etat des Supérieur, directeurs, etc., du séminaire », compris dans une déclaration des revenus et des charges de la maison, rédigée vers la fin de l'année 1790, mentionne le personnel dans l'ordre suivant :)

Jean Mathurin Le Gal, supérieur du séminaire, âgé de 44 ans, depuis 9 ans supérieur de la maison.

Pierre René Rogue, professeur de théologie depuis trois ans et demi, âgé de 30 ans.

Joseph Rouillon, professeur de théologie depuis trois ans, âgé de 33 ans.

Jean Baptiste Robin, professeur depuis un an, âgé d'environ 30 ans.

Vincent Pierre Marie Minguet, coadjuteur pour la procure depuis un an, âgé de 21 ans. (Il était clerc de la Mission, né à Redon le 5 mai 1769, reçu à Saint-Lazare le 8 novembre 1785, où il avait fait les vœux le 16 octobre 1787 ; le 24 novembre 1789, il était au séminaire de Vannes, où il assista, dans l'église du Mené, à la sépulture du frère coadjuteur Pierre Lefebvre, dont il signa l'acte sur le registre des décès du Mené : Minguet *clerc* de la Mission ; il fut envoyé missionnaire en Chine, puis à l'Ile Bourbon, où il mourut le 2 mars 1841.)

Joachin Boursin, frère de la cuisine depuis 4 ans, âgé de 42 ans.

Joseph Crognard, frère de la dépense, depuis 3 ans, âgé de 40 ans.

(*Arch. dép. du Morbihan*, L. 866.)

VII

LA LIBERTÉ ET L'ÉGALITÉ CONDAMNÉES PAR PIE VI

(Extrait des Lettres apostoliques du 10 mars 1791 :)

Et tamen contra tam certam in Ecclesiâ sententiam, conventus iste nationalis potestatem sibi Ecclesiæ arrogavit, dum tot ac tanta constitueret, quæ cum dogmati, tum ecclesiasticæ disciplinæ adversantur, et dum episcopos et ecclesiasticos omnes jurejurando ad sui decreti executionem adstringeret. Verum hoc minime mirum videri debet iis qui ex ipsâ conventûs constitutione facile intelligunt nil aliud ab illâ spectari, atque agi, quam ut aboleretur catholica religio, et cum eâdem debita regibus obedientia. Eo quippe consilio decernitur, in jure positum esse, ut homo in societate constitutus omnimodâ gaudeat libertate, ut turbari scilicet circa religionem non debeat, in ejusque arbitrio sit de ipsius religionis argumento, quidquid velit, opinari, loqui, scribere ac typis etiam evulgare. Quæ sane monstra ab illâ hominum inter se æqualitate naturæque libertate derivari ac emanari declaravit. Sed quid insanius excogitari potest, quam talem æqualitatem libertatemque inter omnes constituere, ut nihil rationi tribuatur, quâ præcipue humanum genus a naturâ præditum est, atque a cæteris animantibus distinguitur ? Cum hominem creasset Deus, eumque in paradiso voluptatis posuisset, nonne eodem tempore ipsi mortis poenam indixit, si de ligno scientiæ boni et mali comedisset ; nonne statim hoc primo præcepto ejus adstrinxit libertatem ? Nonne deinceps cum per inobedientiam se reum effecisset, plura præcepta per Moysen adjunxit ? Et licet ipsum *reliquisset in manu consilii sui,* ut bene seu male mereri posset, nihilominus adjecit *mandata et præcepta, ut si voluerit servare, conservassent eum* (1).

Ubi est igitur illa cogitandi agendique libertas, quam conventûs decreta tribuunt homini in societate constituto, tanquam ipsius naturæ jus immutabile ? Oportebit igitur ex eorum decretorum sententiâ juri contradicere Creatoris, per quem existimus, et cujus liberalitati, quidquid sumus, atque habemus, acceptum referre debemus. Præterea quis jam ignoret creatos esse homines, ut non solum singuli sibi, sed et aliis vivant, ac prosint hominibus ? In hac enim naturae infirmitate mutuo indigent ad sui conservationem subsidio ; atque idcirco a Deo et rationem et loquendi facultatem tenuerunt, ut et opem petere, et petentibus præstare scirent ac possent ; proinde ab ipsâ naturæ inductione in societatem communionemque coierunt. Jam cum hominis sit ita suâ ratione uti, ne supremum auctorem suum, non tantum agnoscere, verum et colere, admirari, ad eumque omnia referre debeat, cumque ipsum subjici jam ab initio majoribus suis necesse fuerit, ut ab ipsis regatur, atque instruatur, vitamque suam ad rationis, humanitatis religionisque normam instituere valeat ; certe ab uniuscujusque ortu irritam constat atque inanem esse jactatam illam inter homines æqualitatem ac libertatem. *Necessitati subditi estote* (2). Itaque ut homines in civilem societatem coalescere possent, gubernationis forma constitui debuit, per quam jura illa libertatis adscripta sunt sub leges supremamque regnantium potestatem ; ex quo consequitur, quod S. Augustinus

---

1. Ecclesiastic., cap. **XV**, v. 15 et 16.

2. Rom., cap. **XIII**, v. 5.

docet in hæc verba : « generale quippe pactum est » societatis humanæ obedire regibus suis (1). » Quapropter hæc potestas non tam a sociali contractu, quam ab ipso Deo recti justique auctore repetenda est. Quod quidem confirmavit apostolus in superius laudata epistola (2) : « Omnis anima potestatibus subli- » mioribus subdita sit ; non est enim potestas nisi a » Deo ; quæ autem sunt, a Deo ordinatæ sunt ; itaque » qui resistit potestati, Dei ordinationi resistit ; qui » autem resistunt, ipsi sibi damnationem acquirunt. »

Atque hic referre libet canonem concilii Turonensis II, habiti anno 567 (3), cujus verbis anathemate plectitur, non solum qui decretis apostolicæ Sedis contraire præsumit; sed et « quod pejus est, qui contra » sententiam, quam vas electionis Paulus apostolus » Spiritu sancto ministrante promulgavit, aliud cons- » cribere, ulla ratione præsumat, cum dicat ipse per » Spiritum sanctum, qui prædicaverit præter id quod » prædicavi, anathema sit. »

Ast ad refutandum absurdissimum ejus libertatis commentum, satis hoc etiam esse potest, si dicamus hujusmodi nempe sententiam fuisse Valdensium et Beguardorum a Clemente V, sacro approbante œcumenico concilio Viennensi (4), damnatorum, quam deinde secuti sunt Wiclephistæ, et postremo Lutherus illis suis verbis : *Liberi sumus ab omnibus* (5). Verumtamen quæ de obedientia legitimis potestatibus debita asseruimus, nolumus eo accipi sensu, ut a nobis dicta fuerint animo oppugnandi novas civiles leges, quibus rex ipse præstare potuit assensum, utpote ad illius profanum regimen pertinentes, ac si per Nos eo consilio allata sint, ut omnia ad pristinum civilem statum redintegrentur, juxta quorumdam calumniatorum

1. Lib. III Confession., cap. VIII, t. I Oper., edit. Maurin., p. 94.

2. Vers. 1 et 2.

3. Canon 20, in Collect. Labbe, t. VI, p. 54.

4. Cap. III in Clementin., tit. de hæreticis.

5. Ut refert auctor appendic. ad S. Thomam, prima secundæ, quæst. 96, art. 5, edit. Neapol., 1763.

evulgatas interpretationes, ad conflandam religioni invidiam ; cum revera Nos, vosque ipsi id unum quæramus, atque urgeamus, ut sacra jura Ecclesiæ et apostolicæ Sedis illæsa serventur.

In quem sane finem nunc alia ratione nomen illud libertatis expendamus, discrimenque inspiciamus, quod intercedit inter homines qui extra gremium Ecclesiæ semper fuerunt, quales sunt infideles, et Judæi, atque inter illos qui se Ecclesiæ ipsi per susceptum baptismi sacramentum subjecerunt. Primi etenim constringi ad catholicam obedientiam profitendam non debent ; contra vero alteri sunt cogendi. Id quidem discrimen solidissimis, prout solet, rationibus exponit S. Thomas Aquinas (1), ac multis ante sæculis Tertullianus exposuit in libro Scorpiaci adversus Gnosticos (2), et paucis ante annis Benedictus XIV in opere de servorum Dei beatificatione et beatorum canonizatione (3) ; atque ut magis adhuc hujus argumenti pateat ratio, videndæ sunt duæ celeberrimæ ac pluries typis editæ S. Augustini epistolæ, una ad Vincentium Cartennensem (4), altera ad Bonifacium comitem (5), per quas non veteres solum, sed et recentes hæretici plane refelluntur.

Quare manifesto perspicitur æqualitatem et libertatem a conventu isto jactatam in illud, ut jam probavimus, recidere, ut catholica subvertatur religio, cui propterea dominantis titulum in regno, quo potita semper est, detrectavit.

(*Brefs de Pie VI*, t. I, p. 124-134).

1. Secunda secundæ, quæst. 10, art. 8.

2. Cap. II, n° 15.

3. Lib. III, cap. XVII, n° 13.

4. Epist. 93, t. II. Oper., edit. **Maurin**, p. 237.

5. Epist. 185, tom. eod., p. 652.

VIII

CORRESPONDANCE ENTRE LA MUNICIPALITÉ DE VANNES
ET LE DIRECTOIRE DU DÉPARTEMENT
POUR L'EXPULSION DES DIRECTEURS DU SÉMINAIRE

Lettre de la municipalité (21 janvier 1792):

Messieurs,

Nos commissaires chargés d'inventorier les maisons du séminaire nous apprennent : 1° qu'ils ont trouvé la bibliothèque absolument vide et que les livres en ont été portés au district par une nouvelle méprise de cette administration, qui semble confondre une maison d'instruction nationale conservée avec les communautés régulières et autres établissemens supprimés. 2° Le 3e article de votre délibération du 22 décembre dernier accorde aux prêtres de la Congrégation de la Mission, *sans parler des frères*, les meubles de leur chambre, les hardes et autres effets à leur usage *exclusif* et *personnel*. Entendez-vous, Messieurs, y comprendre des tableaux, pendules et objets de cette nature qui appartiennent à la maison ? Vous sentez qu'un supérieur avoit la facilité de disposer et de mettre dans sa chambre tout ce qui lui convenoit. D'ailleurs les frères doivent-ils jouir de la même grâce ? 3° Le Sr Le Gal a déclaré avoir mis en gage chez deux créanciers de la maison toute l'argenterie à l'usage de l'église et celle de l'office. Ne trouveriez-vous pas à propos d'ordonner de suite le rapport de ce dépôt prétendu qui nous semble tendre, au moins, à favoriser certains créanciers aux dépens des autres ? L'importance et la célérité de l'affaire nous fait vous prier, Messieurs, de nous répondre de suite.

Les membres du Bureau municipal : [Signé :] Malherbe aîné, maire, Brunet, Philippe.

Réponse du département (21 janvier 1792) :

1° La bibliothèque n'étoit sans doute pas dans le cas de celles des communautés religieuses ; elle doit rester au séminaire. Le district a pensé qu'il étoit inutile de les faire transporter ailleurs pour les conserver, et on peut attendre de les faire rétablir, que le séminaire soit organisé. 2° Nous n'avons point entendu comprendre les frères dans la disposition qui accorde aux directeurs et professeurs du séminaire les meubles de leur chambre.... A l'égard même des prêtres, nous vous prions de suspendre toute délivrance d'effets jusqu'à ce que nous ayons statué définitivement sur une nouvelle pétition qu'ils viennent de nous présenter. 3° Nul doute que l'argenterie déposée pour gage par le supérieur du séminaire doive être rétablie ; il n'avait pas le droit d'en disposer.

(*Arch. dép. du Morbihan*, L. 866.)

IX

ARRÊTÉS DU DIRECTOIRE DU DÉPARTEMENT CONCERNANT LE SÉMINAIRE DE VANNES EN 1792

A). *Arrêté du 5 mai 1792.*

(Extrait du registre des délibérations et arrêtés généraux du département du Morbihan :)

Séance du 5 mai 1792

Présents MM. Danet aîné, vice-président, Faverot, Bigarré, Le Goaesbre, Bruë, Becheu, Lucas, Bosquet, administrateurs, et Gillet procureur général syndic.

Vu le compte fourny par le S^r Le Gal, supérieur du séminaire diocésain de Vannes, des biens attachés à cet établissement, et en dépendant, compte portant la distinction des biens propres des prêtres de la Congrégation de la Mission et de ceux du séminaire,

et présentant un reliquat au profit de la ditte congrégation de six mille cent seize livres ;

Vu les pièces au soutien du dit compte, et l'avis du
directoire du district de Vannes du 28 mars dernier ;

Le directoire, oui le Procureur général syndic, sans
entendre approuver le compte présenté par le S^r Le
Gal, et moins encore la distinction y établie de biens
de la Congrégation et de biens du séminaire, déclare
néanmoins décharger le dit S^r Le Gal de l'administration des dits biens, depuis le 10 décembre 1788,
époque du dernier compte appuré par le Sr Amelot,
alors évêque de Vannes, et arrête que le traitement
du S^r Le Gal, ceux des autres directeurs du séminaire
et des frères attachés au service de la maison, leur
sera payé à compter du 1er janvier 1791, sur le pied
réglé par les arrêtés du directoire des 22 décembre
1791 et 21 janvier 1792 ; et que les hardes et effets
qu'ils justifieront avoir servi à leur usage exclusif et
personnel, ou avoir acquis de leurs deniers, leur seront
délivrés à leur première réquisition, moyennant bonne
et vallable décharge.

(*Arch. dép. du Morbihan*, L. 76).

B.) *Arrêté du 14 juin 1792.*

(Le 23 mai 1792, les administrateurs du district de
Vannes écrivirent au département la lettre suivante :)

Messieurs,

Nous avons l'honneur de vous adresser ci-joint
notre avis au pied de la requête du Sr Rogue, ancien
directeur du séminaire, tendante à obtenir tant pour
lui que pour ses confrères, la délivrance des meubles
et effets à leur usage exclusif et personnel.

Les administrateurs composant le directoire du
district de Vannes.

[Signé :] Brulon, J. M. Jehanno, Bernard.

(Le département répondit à la requête de M. Rogue
par l'arrêté suivant :)

Bureau des Biens nationaux. Expédié le 14 juin
1792 au pied de la pétition.

Vu la pétition du Sr Rogue pour lui et ses confrères, tendante à ce qu'on détermine quels meubles doivent leur être accordés en vertu de l'arrêté du directoire du département du 5 may dernier, et l'avis du directoire du district de Vannes en date du 23.

Le directoire, oui le Procureur général syndic, persistant dans ses arrêtés des 21 jauvier et 5 may dernier, déclare qu'il n'y a lieu à délibérer sur la pétition du Sr Rogue.

(*Arch. dép. du Morbihan*, L. 866.)

X

TRAITEMENT VERSÉ PAR LE DISTRICT DE VANNES

A M. ROGUE EN QUALITÉ D'ANCIEN DIRECTEUR DU SÉMINAIRE

ROGUE

cy devant Directeur du Séminaire. Traitement 500 £

Année	Trimestres	Date de l'ordonnance de payement	Sommes payées par trimestre			Observations
1791	Janvier	mai 1792	253 £	10	8	pr 3 mois 24 jours échus le 24 avril 1792 (1), jour où il a cessé d'enseigner.
	Avril	4 mars 1792	91	13	4	pour 2 mois 6 jours comme professeur suprimé à compter du 24 avril où il a cessé d'enseigner au 30 juin 1791.
	Juillet	29 février 1792	125	»	»	
	Octobre	id.	125	»	»	
1792	Janvier	1er avril 1792	125	»	»	
	Avril					
	Juillet					
	Octobre					

(*Arch. dép. du Morbihan*, L. 1491.)

1. 1792 est une faute évidente ; c'est 1791, qu'il faut lire.

XI

L'UNANIMITÉ DES ECCLÉSIASTIQUES DE TOURS, DE CAMBRAI,
DE NANCY, DE PARIS ET DE TROYES
N'A PAS PRÊTÉ LE SERMENT DE LIBERTÉ ET D'ÉGALITÉ

Mgr de la Luzerne, évêque de Langres dit que « l'unanimité des ecclésiastiques de Tours, de Cambrai, de Troyes, de Nancy, de Langres, a prononcé » le serment de liberté et d'égalité (1). Sur 131 diocèses, que comptait la France en 1789, les partisans du serment ne citent que six diocèses, où il aurait été prêté par l'unanimité du clergé.

Or cela n'est pas exact pour les diocèses de Tours, de Cambrai, de Nancy et de Paris. A Troyes aussi il y eut des exceptions.

a) Pour *Tours.* Parmi les prêtres fidèles restés dans le diocèse, cent quarante-huit furent dénoncés, en mars 1793, par une pétition de vingt citoyens, qui demandèrent leur déportation. *Vingt-neuf* seulement justifièrent avoir prêté le serment de liberté et d'égalité. M. Cossard, prêtre de la Mission, supérieur du grand séminaire de Tours et vicaire général, s'opposa formellement à la prestation de ce serment.

b) Pour *Cambrai.* « Dans ce moment là que la Convention nationale n'étoit pas encore établie et que par conséquent les principes désorganisateurs en fait de liberté et d'égalité n'étoient pas encore connus, ce serment étoit équivoque et susceptible d'un bons sens. C'est pourquoi *quelques* chanoines, les religieux et autres ecclésiastiques à qui on le demandoit, n'ont pas fait de difficultés de donner au peuple cette satisfaction... Quelques mois plus tard ce serment ne fut plus susceptible de cette explication, parce qu'il étoit

1. Cf. *L'ancien Clergé de France,* par M. l'abbé Sicard (Paris, Lecoffre, 1903), t. 3, p. 291.

notoire que la liberté n'étoit que licence et l'égalité anarchie. » (*Mémoires historiques* publiés d'après le mss. de l'abbé Coquelet par le Dr Bombart, Cambrai, 1900, pp. 31-32).

c) Pour *Nancy*. « Près de deux cents ecclésiastiques ou religieux, la plupart insermentés et sexagénaires ou infirmes, languissaient depuis onze mois dans les maisons religieuses de Nancy converties en prisons... Le 30 ventôse an 2, 20 mars 1794, arrivait à Nancy, une lettre du ministre de la justice, » qui « pressait l'application, longtemps différée, de la déportation des insermentés. » (*Les ecclésiastiques de la Meurthe, martyrs et confesseurs de la foi pendant la Révolution française,* par M. le chanoine Mangenot, Nancy, 1895, p. 137). Or, suivant la remarque de ce savant auteur, aucun de ces deux cents prêtres prisonniers ne prêta le serment de liberté et d'égalité. Chatrian, le chroniqueur du diocèse de Nancy pendant la Révolution, ne cite que quatorze prêtres fidèles qui prêtèrent ce serment.

d) Même *pour Paris*, il serait inexact de dire que l'unanimité des ecclésiastiques prononça ce serment.

Un « Avis aux Religieuses, aux Vierges consacrées à Jésus-Christ » circulait parmi les religieuses dispersées par la persécution et vivant dans des maisons particulières. L'auteur de cet écrit disait : « Peut-être vous croyez-vous excusables, parce qu'en prêtant ce serment vous n'avez fait que céder à l'exemple, aux décisions, aux sollicitations même de plusieurs ministres à qui vous avez donné confiance... Ne savez-vous pas que dans les temps orageux, il y a eu toujours des ministres foibles ? n'aviez-vous rien à craindre de semblable de ceux que vous aviez suivis ? ils avoient plus d'une fois tergiversé en vous portant au serment, ils agissoient contre la volonté des supérieurs ecclésiastiques, ils n'avoient aucune autorité pour vous y obliger, leur décisions n'étoient appuyées d'aucune raison solide, ce qu'ils avançoient étoit en plusieurs points contraire à l'évidence ou se contredisoit ; ne saviez-vous pas qu'un grand nombre de prêtres avoit enduré la mort plutôt que de faire le serment ? le Souverain Pontife avoit levé l'équivoque que pouvoient offrir les mots de liberté et d'égalité, en déclarant que cette liberté et cette égalité sapoient les fondements de la religion... » Cet *Avis*, saisi chez les Carmélites de Grenelle, demeurant rue Neuve-Sainte-Geneviève, après avoir habité rue Cassette, fut attribué par l'accusateur public du tribunal révolutionnaire, Fouquier-Tinville, au « nommé Rousseau de Rosecquet, ex-jésuite..., empoisonneur de l'opinion », qui par cet « écrit fanatique et incendiaire... ose déclarer que la liberté et l'égalité, ces filles du ciel, sont contraires à toute religion, et que l'Eglise les a condamnées... » (*Arch. nat.*, W. 321, doss. 491).

M. Douville, prêtre de Saint-Sulpice et supérieur du petit séminaire de Saint-Sulpice, à Paris, ne prêta pas le serment de liberté et d'égalité (*Vie de M. Emery*, par M. Gosselin, t. 1, p. 308).

Les Prêtres de la Mission de la maison de Saint-Lazare ne prêtèrent pas tous ce serment, comme l'insinue le P. Lambert dans une *Dissertation où l'on justifie la soumission aux lois de la République et le serment de liberté et d'égalité* (1796) : « ... Tous les supérieurs, tous les membres des congrégations séculières et régulières... ont cru que ce serment ne blessait en rien la religion » ; et comme l'affirment les *Annales religieuses, politiques et littéraires*, t. 1, p. 479 : « Nous pourrions citer en faveur du serment... plusieurs congrégations célèbres presque en entier, celles de la Doctrine chrétienne, de Saint-Lazare... »— Or le Supérieur général de Saint-Lazare ne prêta pas ce serment ; il n'y était astreint par la loi du 18 août 1792, que s'il voulait toucher le traitement de congréganiste supprimé. Instruit que les révolutionnaires méditaient un massacre général de la maison de Saint-Lazare, il quitta Paris avant le 17 août, et depuis lors mena la vie d'un proscrit en Belgique, dans le Palatinat et à Rome. Parmi les Prêtres de la Mission de Saint-Lazare, huit seulement sur trente prêtèrent le serment de liberté et d'égalité, comme en fait foi une pièce du Bureau de liquidation des biens nationaux du 22 juin 1793 (*Arch. nat.*, S. 6590).

e) Pour *Troyes*. Mgr Ecalle, Vicaire général, dans son livre *Le schisme constitutionnel à Troyes, 1790-1801* (Troyes, 1907), p 249, cite cette conclusion d'un rapport écrit, le 25 mars 1793, par Turreau, commissaire de la Convention dans l'Aube avec Antoine Garnier : « Parmi nos ennemis intérieurs, les plus dangereux sont les prêtres. Ils sont au moral ce que les poisons sont au physique : leurs actions tuent, sans être aperçues. Nous ne vous le dissimulons pas, si vous ne prenez pas vis-à-vis de tous ceux qui ne tiennent dans la société qu'à leurs passions et à leurs vices, une mesure grande et révolutionnaire, ces pestes publiques chercheront, jusqu'à ce que le peuple lui-même les ait écrasées, à renverser la République. Il ne s'agit plus de décréter que les prêtres qui n'ont pas prêté le serment d'égalité et de liberté seront déportés (ils l'ont *presque tous* prêté : que coûte un crime de plus à des scélérats ?) il faut décidément purger la République de ceux qui n'y tiennent par aucun lien... De quelque manière que vous les fassiez disparaître du sol de la liberté, vous aurez, ce jour là, bien mérité de la patrie. »

XII

COMMENT LE SERMENT DE LIBERTÉ ET D'ÉGALITÉ
FUT GÉNÉRALEMENT INTERPRÉTÉ
NOTAMMENT PAR LES MARTYRS DE LA RÉVOLUTION

Pour entraîner le clergé catholique dans leur parti, les révolutionnaires, comme Gensonné et Durand de Maillanne, affirmèrent que ce « serment n'avait absolument rien que de civil (1). »

Mais quel cas les catholiques pouvaient-ils faire de pareilles déclarations, alors que, même pour la constitution civile du clergé, le 4 janvier 1791, Mirabeau et

---

1. *Annales religieuses, politiques et littéraires* (1796), t. 1, p. 479. — *Vie de M. Emery*, par M. Gosselin, t. 1, p. 332.

d'autres orateurs avaient affirmé à la Constituante, que « l'Assemblée n'avait point touché au spirituel. » « Ne faut-il point s'aveugler, demandait M. François dans *Mon apologie* (1), pour se payer de pareilles défaites ? (2) »

« Au lieu de régler votre conduite, répondait M. Fontaine (3) à ceux qui étaient favorables au serment de liberté et d'égalité, sur la décision de celui que Dieu a établi le chef de son Eglise, le dépositaire et l'interprète de sa volonté, vous ne craignez pas de lui préférer les vains discours et les frauduleuses interprétations des ennemis déclarés de l'autel et du trône. »

Par sa dissertation, qui « était, dit l'abbé Guillon (4), la très-concluante réfutation d'une consultation qu'avait composée [en faveur du serment], et que faisait circuler en Belgique l'abbé Du Voisin, » M. Fontaine semble avoir amené à son sentiment le docteur de Sorbonne à qui il s'adressait. En 1796, en effet, suivant l'abbé Picot (5), fut publiée une « instruction savante, donnée par l'évêque de Laon, » laquelle « paraît avoir été rédigée par son vicaire général Du Voisin (6). »

1. Edition in-8°, p. 31.

2. Dans la séance de la Constituante du 21 août 1789, lorsque ‹ discutée la définition de la liberté, « M. de la Luzerne, évêque de Langres, voulait ajouter la liberté *civile* et proposait de dire *la liberté civile consiste, etc....* M. l'évêque de Langres disait qu'il ne peut être question ici de la liberté naturelle, mais de la liberté politique... Cette opinion a été combattue par plusieurs membres et surtout par MM. Populus, Volney et Rhédon... De quoi s'agit-il jusqu'ici dans la déclaration des droits ? demandait ce dernier, de la liberté naturelle, des droits que tout homme apporte en naissant..., il s'agit de l'homme avec la plénitude de ses droits. — Ces réflexions font rejeter l'amendement de M. l'évêque de Langres. » (*Moniteur*, t. 1, p. 367.)

3. *Vains efforts d'un jureur de liberté et d'égalité* (d'après *Les Martyrs de la foi*, de l'abbé Guillon, t. 3, p. 109.) — Voir plus haut, page 97.

4. *Les Martyrs de la foi*, t. 3, p. 107.

5. *Mémoires pour servir à l'histoire ecclésiastique pendant le 18e siècle*, t. 6 (Paris, 1856), p. 205.

6. « Instruction sur les serments décrétés en novembre 1790 et 1791, sur le serment de liberté et d'égalité, et sur les actes de soumission aux lois de la république » (Brunswick, 1796).

« On ne peut faire de serments, y était-il écrit, que dans le sens et selon l'intention connue de ceux qui les exigent... Le sens dans lequel le serment de liberté et d'égalité est entendu par ceux qui l'exigent ne peut être méconnu. Leur intention est que quiconque prête le serment s'engage à maintenir en religion une liberté indéfinie (1), qui ouvre la porte à tous les cultes, et en ce qui concerne l'ordre civil, une liberté et une égalité destructives de la monarchie et incompatibles avec elle. » Ici, d'après Picot, l'instruction « rappelait la déclaration des droits de l'homme, et montrait comment d'une part, en vertu de ces droits, tout avait été toléré à l'exception du culte catholique ; comment d'un autre côté, l'Assemblée législative qui décrétait ce serment, avait dépouillé le roi de tout pouvoir et avait convoqué une assemblée nouvelle (la Convention) pour prononcer sa déchéance. »

L'abbé Du Voisin professait les mêmes principes cinq ans plus tard dans sa *Défense de l'ordre social contre les principes de la Révolution françoise*. Il écrivait (page 34) : « Dans la déclaration des droits de l'homme et du citoyen, rédigée par l'Assemblée constituante, il est dit, art. IV : que « la liberté consiste à » pouvoir faire tout ce qui ne nuit pas à autrui. Ainsi, » continue-t-on, l'exercice des droits naturels de chaque » homme n'a de bornes que celles qui assurent aux » autres membres de la société la jouissance de ces » mêmes droits. Ces bornes ne peuvent être détermi- » nées que par la loi. » Cette définition de la liberté est vicieuse, en ce qu'elle ne renferme pas, et que par là même elle exclut les devoirs que nous prescrivent la loi naturelle et la religion, soit envers Dieu, soit envers

1. Dans la séance du 22 août 1789, le comte de Mirabeau avait donné à la tribune de la Constituante ce commentaire des articles de la déclaration des droits de l'homme relatifs « à la liberté des opinions religieuses » : « Je ne viens pas prêcher la tolérance. La liberté la plus illimitée de religion est à mes yeux un droit si sacré, que le mot *tolérance* qui essaie de l'exprimer, me paraît en quelque sorte tyrannique lui-même.... Nous qui n'avons le droit de nous mêler que des choses de ce monde, nous pouvons donc permettre la liberté des cultes et dormir en paix.... » (*Moniteur*, t. 1, p. 372)

nous-mêmes, soit envers les autres. Dans l'explication qui la suit, on applique à la liberté naturelle ce qui ne convient qu'à la liberté civile ; on transporte à la loi civile toute seule la force d'obliger, qui appartient encore plus à la loi divine, et qui n'appartient même à la loi civile, que parce qu'elle l'emprunte de la loi divine.»

Au sujet de l'égalité il écrivait également (p. 49) : « Est-ce de l'homme vivant en société, est-ce de l'homme considéré dans l'état de nature, qu'ont voulu parler les rédacteurs de la déclaration, lorsqu'ils ont dit [art. 1] que « les hommes naissent et demeurent » égaux en droits ? » Ou plutôt, n'ont-ils pas affecté cette expression vague et indéterminée, si indigne, je ne dis pas d'une assemblée de législateurs, mais d'un philosophe, afin de laisser à la populace, dont ils vouloient faire l'instrument de la révolution, le droit de donner à cette maxime équivoque toute l'étendue que demandoient leurs projets destructeurs ? »

Un prêtre de Saint-Sulpice, supérieur du grand séminaire d'Angers et administrateur du diocèse pendant la Révolution, M. Meilloc, dont les opuscules sont restés manuscrits jusqu'à 1904, (*Les serments pendant la Révolution*, publiés par M. l'abbé Uzureau), condamna comme « très coupables » (p. 117) les prêtres qui, en septembre 1792, prêtèrent le serment de liberté et d'égalité, parce que « avant les explications et définitions que la Convention a données de la liberté et de l'égalité dans les Droits de l'homme, placés avant la Constitution républicaine (articles 3, 4, 5, 6 et 7, où on peut les lire), elles pouvaient attaquer l'une et l'autre le spirituel et s'étendre à des objets contraires à la foi et aux règles des mœurs » (p. 146). Mais, suivant son opinion, à partir de la déclaration des droits du 24 juin 1793, le serment serait devenu licite, parce que, à la suite des « explications et définitions » de la liberté et de l'égalité, données par la Convention, « l'objet du serment » fut « alors clairement déterminé... à l'ordre civil et politique » (p. 116) (1).

---

1. Les sept ou huit dissertations, composées par M. Meilloc sur le serment de liberté et d'égalité, n'ont excercé aucune influence en Anjou. Ecrites pour les Religieuses hospitalières de Baugé, qui

Barrère réfutait d'avance cette opinion, qui regardait l'œuvre de la Convention comme plus honnête que celle de la Constituante, quand il disait, le 17 avril 1793, à la tribune de l'Assemblée : « Nous n'avions fait (en 1789) que la révolution de la liberté, nous avons fait celle de l'égalité, que nous avons retrouvée sur les débris du trône. Si donc il est vrai que nous ayons fait des progrès en liberté, s'il est vrai que nous ayons fait des découvertes nouvelles dans les droits de l'homme, il faut les consacrer dans une nouvelle déclaration... » (*Moniteur*, t. 16, p. 173). Le 24 juin suivant, la Convention adoptait cette nouvelle déclaration des droits de l'homme, dont le conventionnel Daunou disait au nom de la commission des onze, le 16 messidor an 3 (4 juillet 1795) : « La commission... n'a pas voulu faire une nouvelle déclaration des droits, mais ôter à la première ce qu'elle avait de royaliste et à la dernière ce qu'elle avait d'anarchique.»

L'opinion qui condamnait le serment de liberté et d'égalité, fut généralement admise par les catholiques de France, et notamment par les confesseurs de la foi et les martyrs de la Révolution qui, dans les prisons, devant l'exil, devant l'échafaud ou en présence d'un massacre, regardèrent ce serment comme contraire à leur conscience.

« Si des hommes très vertueux, suivant l'expression de l'abbé Barruel (1), firent le serment de la liberté et de l'égalité, on vit des saints mourir plutôt que de le faire. »

Aux Carmes, le 2 septembre, les deux frères « MM. Nativelle, qu'on soumit à cette épreuve pendant le massacre, choisirent la mort » (2).

A la Force, trois prêtres subirent un sort semblable,

---

avaient prêté ce serment, elles ne calmèrent pas leurs « remords » ni leurs « troubles de conscience ». Après une année d'angoisses, les Religieuses « firent toutes leur rétractation et l'envoyèrent afficher à tous les carrefours de la ville, afin que personne n'en ignorât. » (*Les serments pendant la Révolution*, Paris, 1904, p. 62).

1. *Histoire du Clergé pendant la Révolution françoise* (Londres 1793), p. 475.

2. *Ibid*, p. 469.

parmi lesquels M. Bottex, qui « préféra la mort au doute même de s'être souillé par un serment illicite » (1).

A Nantes, le 19 septembre 1792, 264 prêtres d'Angers et 144 prêtres du Mans, conduits comme des forçats à la déportation, refusèrent ce serment, sauf deux qui « eurent la faiblesse de le prêter (2). »

A Laval, les « quatorze martyrs » furent guillotinés, le 21 janvier 1794, parce qu'ils ne voulurent pas jurer de renoncer à la religion catholique ni de maintenir la liberté et l'égalité.

A Lyon, les juges de la Terreur, ou mieux les bourreaux, demandaient aux prêtres insermentés d'abdiquer le sacerdoce, et aux personnes pieuses de faire « le serment de liberté-égalité, regardé par tous les catholiques de Lyon comme une véritable apostasie » (3).

En Savoie, les prêtres furent persécutés pour refus de ce serment, qui, suivant une proclamation des commissaires de la Convention, comprenait en outre celui de la constitution civile du clergé.

Les religieuses furent poursuivies pour la même cause avec non moins d'acharnement que les prêtres catholiques.

Les Bienheureuses Carmélites de Compiègne, martyrisées en 1794, protestèrent énergiquement contre le maire de cette ville, qui les avait trompées, relativement à la prestation du serment de liberté et d'égalité. « Nous préférons mille fois mourir, lui dirent-elles, plutôt que de rester coupables d'un tel serment. »

Les Vénérables Sœurs Fontaine, Gérard, Lanel et Fantou, Filles de la Charité d'Arras, furent martyrisées à Cambrai pour refus du même serment.

Les héroïques Sœurs Marie-Anne Vaillot et Odile Baumgarten, Filles de la Charité de l'hôpital Saint-Jean d'Angers, les premières de leur Compagnie qui eurent l'honneur de verser leur sang pour Jésus-Christ, furent massacrées au Champ des Martyrs d'An-

1. *Hist. du Clergé pendant la Révolution françoise,* p. 477.
2. *Les serments pendant la Révolution,* p. 117.
3. L'abbé Guillon, *Les Martyrs de la foi,* t. 1, p. 304.

gers, le 1ᵉʳ février 1794, n'ayant pas voulu non seulement « faire le serment, mais même passer pour l'avoir fait. »

Une centaine de religieuses angevines de différentes communautés furent condamnées, en avril 1794, à la déportation pour avoir refusé le même serment.

Les Religieuses de Boulène, en 1794 également, furent condamnées à mort par le tribunal d'Orange, comme « fanatiques », « réfractaires », pour avoir refusé le même serment de liberté et d'égalité.

Parmi les prêtres emprisonnés sur les pontons de l'île d'Aix, il s'en trouvait plusieurs qui avaient fait le serment de la constitution civile ou celui de liberté et d'égalité. « Dès qu'ils se voyaient attaqués d'une maladie mortelle, écrit un de leurs compagnons de captivité, on n'avait pas besoin de les exhorter à [en faire la] rétractation ; ils prévenaient toute sollicitation à ce sujet. »

Dans leurs rétractations publiques, les évêques ou les prêtres intrus, revenant à de meilleures dispositions, ne manquaient pas de réprouver le serment de liberté et d'égalité. Une de celles qui reçurent la plus grande publicité fut la rétractation de Panisset, évêque du Mont-Blanc, rédigée par le comte de Maistre (1) : « Je rétracte, disait-il, et par conviction et par obéissance au Souverain Pontife, le malheureux serment *de liberté et d'égalité* (2), que j'ai prêlé.... en suite de la proclamation du 8 février 1793. » Un peu plus loin il ajoutait : « Je déteste tous les mots abstraits et captieux *de liberté et égalité* (3), dont le sens vague se prêtoit à toutes les vues des novateurs. »

M. Josseron, curé de Saint-Germain en Semine, au

1. Cf. *Lettres et opuscules inédits* (Paris, 1851), t. 1, p. 490.

2. *Les Annales religieuses, politiques et littéraires*, rédigées par des prêtres de Paris qui avaient fait le serment de liberté et d'égalité, en publiant cette rétractation (t. 1, p. 549), supprimèrent les mots soulignés : *de liberté et d'égalité.*

3. Les mêmes *Annales (ibid.)* mirent ici plusieurs points à la place des mots *de liberté et d'égalité.*

diocèse de Genève, fit une rétractation analogue (1).

Enfin M. Joseph Bouguereau, grand-vicaire constitutionnel d'Angers, disait dans son « acte d'abjuration du schisme et de l'intrusion » le 28 octobre 1796 (2) : « Je rétracte formellement le serment de liberté et d'égalité, dont l'objet nécessaire et essentiel est la liberté résultant de la Constitution, c'est-à-dire entre autres vices détestables, la liberté des pensées et la manifestation de pensées qui anéantit la Révélation et conduit par là même à faire briser audacieusement tous les jougs saints que la religion impose aux chrétiens, liberté condamnée comme monstrueuse et effrénée par le Vicaire de Jésus-Christ dans son bref du 10 mars 1791. »

XIII

SENTIMENTS DE PIE VI ET DE M. ÉMERY EN 1793 SUR LE SERMENT DE LIBERTÉ ET D'ÉGALITÉ

A). L'abbé Maury, élevé par Pie VI à la dignité épiscopale et bientôt après à la pourpre cardinalice en récompense de sa lutte énergique contre les impies de la Constituante, écrivit la lettre suivante à M. Emery, Supérieur de Saint-Sulpice, le 13 mars 1793, à son retour de la diète de Francfort, où il avait représenté le Pape en qualité de Nonce apostolique :

« Je vous dirai d'abord, que ce fut le Pape lui-même, qui m'apprit, à mon retour d'Allemagne, que vous aviez prêté le nouveau serment, et qu'il daigna m'en parler tristement, avec beaucoup d'intérêt pour vous ainsi que pour votre Congrégation. Je mis ensuite votre épître sous ses yeux ; il la réfutait en la lisant

1. V. D'Hesmivy d'Auribeau, *Extraits des Mémoires pour servir à l'histoire de la persécution françoise* (1814) p. 365.

2. *L'Anjou historique*, mars-avril 1907, pp. 508-522.

avec moi. Il m'ordonna de vous répondre ; il voulut voir ma lettre et me dit en me la rendant : « *Faites-la* » *partir ; M. Emery devinera aisément que, dans la* » *position où vous êtes, vous ne vous seriez pas permis* » *de l'envoyer sans nous l'avoir communiquée ; et il* » *est bon qu'il sache ce que nous pensons de ce ser-* *ment* » .... Il ne serait pas impossible, ajoute le prélat, que le Pape n'étant pas encore requis par le corps des évêques de France, et devant être d'ailleurs frappé des dangers d'une scission par la condamnation qui me paraît bien arrêtée dans son esprit, différât charita-blement encore de prononcer dans ces circonstances. Je sens combien il en coûterait à son cœur de se voir forcé à porter un jugement sévère, mais inévitable, contre de bons prêtres dont il estime les intentions et dont il désapprouve la pusillanimité... » (*Vie de M. Emery* par M. Gosselin, t. 1, p. 321).

Il est certain qu'à cette époque la décision pontifi-cale paraissait imminente. L'évêque de Luçon, réfugié en Suisse, écrivait en janvier 1793 : « Nous savons que ceux des évêques qui sont à Rome condamnent [le serment], et que le Pape est au moment de le condamner aussi. »

B). M. Emery, Supérieur de Saint-Sulpice, qui n'avait prêté le serment « que pour ne point se séparer des directeurs » de sa maison, « et pour ne point se mettre dans la nécessité d'abandonner le séminaire, » (*Ibid.*, t. 1, p. 327), n'ignorait pas que son opinion « déplairait à bien du monde,» comme il l'écrivait à son ancien élève, l'abbé de Tournély (*Ibid.*, t. 1, p. 332).

M. Giraud, prêtre de Saint-Sulpice, qui s'était réfu-gié à Rome, proposa à son supérieur, au commence-ment de 1793, « d'imiter l'exemple de M. de Fénelon, c'est-à-dire de se rétracter » (*Ibid.*, t. 1, p. 327).

« Plusieurs confrères [de M. Emery] lui écrivirent d'Angleterre des lettres pleines de reproches et de mécontentement. » A M. d'Hauchemail, ancien supé-rieur à Angers, qui « lui en écrivit une des plus vigou-reuses par l'ordre » des évêques de Blois et d'Orense en Espagne, il envoya une lettre qui était « un in-folio, ne prouvant rien, absolument rien en faveur du serment » ; elle n'était « qu'un tissu de sophismes et de lieux communs, de vaines subtilités métaphysiques. » (Lettre de M. Touchet, curé de la cathédrale d'Angers, chanoine et vicaire général, citée par M. Letourneau, dans l'*Histoire du séminaire d'Angers*, p. 249).

M. Emery, « abreuvé de chagrins, de soucis, de sollicitudes en tout genre, » écrivit, le 21 avril 1793, à M. Giraud, à Rome :

« J'ai fait dire à Sa Sainteté...., que je ne soutiendrais jamais une opinion que je saurais n'être pas la sienne, et que dans le cas présent, je pourrais dire : *Causa finita est.*

» Effectivement je ne prendrai plus la défense du serment ; et j'ai toujours décidé que, dans les lieux où il causait du scandale, c'est-à-dire où le public croirait qu'il entraîne quelque chose de contraire aux bons principes, il ne devait pas être émis, même par ceux, qui, en leur particulier, le croiraient licite. Je n'ai jamais conseillé de le faire, je n'en ai jamais parlé qu'aux personnes qui m'ont consulté...

» Puisque la plupart des évêques et notre Saint-Père répugnent au serment, *si aujourd'hui il fallait le faire, je ne le ferais point...* » (*Vie de M. Emery* par M. Gosselin, t. 1, pp. 325-326.)

XIV

COMMENT DANS LA PRATIQUE LE SERMENT
DE LIBERTÉ ET D'ÉGALITÉ FUT APPRÉCIÉ A ROME EN 1793

Pendant une émeute populaire, provoquée à Rome en janvier 1793 par l'insolence des agents de la Révolution, qui, malgré la défense du Pape, avaient déployé dans les rues les insignes de la *liberté française*, le français Basseville, secrétaire d'ambassade, fut frappé à mort par un Romain. Avant d'expirer, il fit demander pardon au Cardinal secrétaire d'Etat ; puis, prêt à recevoir les derniers sacrements, il rétracta publiquement en présence du curé de Saint-Laurent in Lucina le serment civique de la constitution et celui de la liberté et de l'égalité. Le Souverain Pontife nota soigneusement ce fait dans une relation des événements de Rome du 13 janvier 1793, qui fut adressée par le gouvernement pontifical aux Cours de l'Europe. « Il Parroco, che lo ha assistito sino agli ultimi momenti, ha solennemente dichiarato per scritto, che.... prima della sagramental confessione rinunziò e detestò li giuramenti prestati all' Assemblea e Nazion Francese, cioè : *il giuramento civico* (sono parole precise dell' attestazion del Parroco) *secondo la Costituzione civile del Clero di Francia, e l'altro riguardante la libertà et l'uguaglianza, e ciò che ho fatto* (diceva) *contro le leggi della Chiesa cattolica, affinchè io posso ricevere i Santissimi Sagramenti nello stato in cui mi trovo... tutta volta nel caso fosse egli guarito, avrebbe publicamente rinuovata la detestazione, ed abjura suddetta; e nel caso fosse morto, mi autorizzava, e voleva, che io rendessi publica questa positiva ritrattazione et dichiarazione*(1)» (*Mémoires* pour servir à l'histoire de la persécution française, recueillis par les ordres de N. T. S. P. le Pape Pie VI, par l'abbé D'Hesmivy d'Auribeau, archidiacre et vicaire général de Digne, Rome, 1795, t. 1, p. xxv des notes à la fin du volume).

Quelque temps après, Digne, consul de France à Rome, étant tombé gravement malade, « fit, avant de recevoir le saint viatique, une rétractation solennelle des deux mêmes serments. » (*Les Martyrs de la foi pendant la Révolution française*, par l'abbé Guillon, t. 4, p. 289).

1. Traduction du texte italien : Le curé, qui l'a assisté à ses derniers moments a déclaré solennellement par écrit que .... avant la confession sacramentelle, (Basseville) a rétracté et détesté les serments imposés par l'Assemblée nationale de France, savoir : *le serment civique* (ce sont les paroles mêmes de l'attestation du curé) selon la *constitution civile du clergé de France et l'autre serment de la liberté et de l'égalité, et ce que j'ai fait*, disait-il, *contre les lois de l'Eglise catholique, afin que je puisse recevoir les saints sacrements dans l'état où je me trouve .... ; toutefois dans le cas où il serait guéri, il aurait renouvelé publiquement cette détestation et rétractation ; et dans le cas où il serait mort, il me donnait l'autorisation et l'ordre de rendre publique cette rétractation et déclaration.*

XV

LES LOIS SUR « L'EXERCICE DES CULTES » ET LES PROMESSES DE SOUMISSION AUX LOIS DE LA RÉPUBLIQUE EN 1795

Les lois ou décrets, votées en 1795 par le libéralisme révolutionnaire pour persécuter la religion catholique, sont celles du 3 ventôse an 3 (21 fév. 1795), du 2 prairial an 3 (30 mai 1795) et du 7 vendémaire an 4 (29 sept. 1795). Sans doute elles renfermaient quelques principes de tolérance ; et l'on comprend qu'au sortir de la Terreur, les prêtres fidèles demeurés en France aient essayé d'en tirer tout le parti possible, pour relever les autels ; mais les principales dispositions de ces lois étaient mauvaises, et leur but, suivant l'aveu du conventionnel qui rédigea le « projet de loi sur la police extérieure des cultes » (1), était de réprimer « l'esprit de domination et d'intolérance, qui pourroit naître ou se développer rapidement parmi ceux même des ministres, qui se sont d'ailleurs montrés amis de la liberté et des principes républicains ».

1° *La loi du 3 ventôse an 3* (21 fév. 1795) disait (art. 2) : « La République ne salarie aucun culte »; — (art. 5) : « La loi ne reconnaît aucun ministre du culte » ; — (art. 7) : « Aucun signe particulier à un culte ne peut être placé dans un lieu public, ni extérieurement.... Aucune inscription ne peut désigner le lieu qui lui est affecté. Aucune proclamation ni convocation publique ne peut être faite pour y inviter les citoyens» ;—(art. 6) : « Tout rassemblement de citoyens

---

1. *Projet de loi sur la police extérieure des cultes*, présenté au nom du comité de législation par Genissieu, député de l'Isère, imprimé par ordre du comité et d'après les décrets de la Convention nationale (A Paris, de l'imprimerie nationale, 6ᵉ jour complémentaire an 3), page 2, « Avertissement du rapporteur. »

pour l'exercice d'un culte quelconque est soumis à la surveillance des autorités constituées.... »

Pour juger ces dispositions, qui établissaient la séparation de l'Etat et de l'Eglise, il suffit de lire l'encyclique de Notre Très Saint-Père le Pape, Pie X, du 11 février 1906, condamnant, dans la loi du 9 décembre 1905, cette même « thèse absolument fausse », cette « très pernicieuse erreur », et la réprouvant « comme profondément injurieuse vis-à-vis de Dieu, qu'elle renie officiellement, en posant en principe que la République ne reconnaît aucun culte. »

2° *La loi du 11 prairial an 3* (30 mai 1795) accordait « provisoirement » aux « citoyens des communes et sections de communes de la République.... le libre usage des édifices non aliénés, destinés originairement aux exercices d'un ou de plusieurs cultes, et dont elles étaient en possession au premier jour de l'an 2 de la république » — Ces édifices, dont ils pouvaient se servir « sous la surveillance des autorités constituées » (art. 1), seraient remis « à l'usage desdits citoyens.... à la charge de les entretenir et réparer.... sans aucune contribution forcée » (art. 2). — Si « des citoyens de la même commune.... réclamaient concurremment l'usage du même local » pour des « cultes différents ou prétendus tels, » l'édifice devait leur être « commun. » Il appartenait alors aux « municipalités, sous la surveillance des corps administratifs, » de « fixer pour chaque culte les jours et heures les plus convenables.... » (art. 4). — Enfin l'article 5 contenait cette prescription : « Nul ne pourra remplir le ministère d'aucun culte dans les dits édifices, à moins qu'il ne se soit fait décerner *acte*, devant la municipalité du lieu où il voudra exercer, *de sa soumission aux lois de la république*. Les ministres des cultes, qui auront contrevenu au présent article, et les citoyens qui les auront appelés ou admis, seront punis chacun de 1.000 livres d'amende par voie de police correctionnelle. »

Les « citoyens des communes », voilà la seule association ou société, que cette loi reconnaît, car, suivant la doctrine révolutionnaire, exposée dans la déclaration des droits de 1793, « la souveraineté réside dans le peuple » ; quelques mois plus tard, la nouvelle déclaration des droits et des devoirs (1) devait dire : « La souveraineté réside essentiellement dans l'universalité des citoyens. » A eux seuls appartient le droit d'appeler ou d'admettre dans les édifices cultuels les ministres de leur choix, qui ne pourront y exercer leurs fonctions que sous la surveillance des autorités civiles, et, dans certains cas, aux jours et heures fixés par ces mêmes autorités.

Par la même encyclique de Pie X, on peut voir combien les dispositions de cette loi, qui ont été reproduites dans celle du 9 déc. 1905, « sont contraires à la constitution suivant laquelle l'Eglise a été fondée par Jésus-Christ. » L'Eglise en effet « est par essence une société *inégale*, c'est-à-dire une société comprenant deux catégories de personnes, les Pasteurs et le troupeau, ceux qui occupent un rang dans les différents degrés de la hiérarchie et la multitude des fidèles.... Contrairement à ces principes, la loi de séparation attribue l'administration et la tutelle du culte public, non pas au corps hiérarchique divinement institué par le Sauveur, mais à une association de personnes laïques...... Ces associations cultuelles elles-mêmes seront vis-à-vis de l'autorité civile dans une dépendance telle que l'autorité ecclésiastique, et c'est manifeste, n'aura plus sur elle aucun pouvoir. Combien toutes ces dispositions sont blessantes pour l'Eglise et contraires à ses droits et à sa constitution divine, il n'est personne qui ne l'aperçoive au premier coup d'œil.... »

3° *Le loi du 7 vendémiaire an 4* (29 sept. 1795) avait pour but de « prévoir, arrêter ou punir tout ce qui tendrait à rendre un culte exclusif ou dominant et persécuteur », et, en conséquence, elle « exigeait des ministres de tous les cultes une garantie purement civique contre l'abus qu'ils pourraient faire de leur ministère, pour exciter à la désobéissance aux lois de

____

1. Du 5 fructidor an 3 (22 août 1795), art. 17 des Droits.

l'Etat » ; ainsi s'expriment les considérants de cette loi.

Le titre III concernant la « garantie civique exigée des ministres de tous les cultes, » portait cette prescription à l'article 5 : « Nul ne pourra remplir le ministère d'aucun culte, en quelque lieu que ce puisse être, s'il ne fait préalablement, devant l'administration municipale ou l'adjoint municipal du lieu où il voudra exercer, une déclaration, dont le modèle est dans l'article suivant. Les déclarations déjà faites ne dispenseront pas de celle ordonnée par le présent article. Il en sera tenu registre....

» Article 6. La formule de la déclaration exigée ci-dessus est celle-ci :

» Le .... devant nous ....., est comparu N. (le nom
» et le prénom seulement), habitant à ..... lequel a
» fait là déclaration dont la teneur suit :

» *Je reconnais que l'universalité des citoyens fran-*
» *çais est le souverain, et je promets soumission et*
» *obéissance aux lois de la république.*

» Nous lui avons donné acte de cette déclaration et
» il a signé avec nous. »

« La déclaration qui contiendra quelque chose de plus ou de moins sera nulle et comme non avenue ; ceux qui l'auront reçue seront punis chacun de 500 livres d'amende et d'un emprisonnement, qui ne pourra excéder un an, ni être moindre de trois mois.

» Article 7. Tout individu, qui, une décade après la publication du présent décret, exercera le ministère d'un culte sans avoir satisfait aux deux articles précédens, subira la peine portée en l'article 6 ; et en cas de récidive, il sera condamné à dix ans de gêne.

» Article 8. Tout ministre de culte, qui, après avoir fait la déclaration dont le modèle est donné, article 6, l'aura rétractée ou modifiée, ou aura fait des protestations ou restrictions contraires, sera banni à perpétuité du territoire de la république.

» S'il y rentre, il sera condamné à la gêne, aussi à perpétuité. »

Genissieu, avocat du Dauphiné et député de l Isère, « connu par sa haine contre les prêtres (1), » chargé de rapporter cette loi, se borna à placer un avertissement en tête du projet de loi et à annoter les principales dispositions ; voici la note concernant la déclaration et la promesse de soumission aux lois (2) :

« Entre cette base fondamentale de la liberté, *l'universalité des citoyens français est le souverain*, et entre la constitution et les autres lois de la République, il y a une distinction essentielle à faire.

» Lorsqu'une constitution est acceptée, lorsque des lois sont faites, les bons citoyens les aiment malgré leurs défauts, concourent à les faire respecter et exécuter jusqu'à ce qu'elles soient réformées en mieux ; mais on ne peut rigoureusement exiger que *soumission et obéissance*. Il y auroit tyrannie à reconnoître explicitement pour vrais des principes qu'on croiroit erronés, et pour justes des lois qu'on ne jugeroit pas telles ; mais quiconque ne veut par reconnoître que *l'universalité des citoyens est le souverain*, quiconque ne veut pas reconnoître ce principe éternel, qui n'exclut que l'entier esclavage, et se prête d'ailleurs à toute forme de gouvernement, puisque le peuple souverain est maître d'adopter celle qui lui plaît, est un esclave, qui méconnoit les droits de l'homme, il veut ce qu'il ne peut pas : il veut s'aliéner, il veut que les hommes s'aliènent, il se révolte contre la volonté générale, il mérite d'être chassé comme l'ennemi déclaré de la société. »

La déclaration et la promesse exigées des prêtres catholiques par la loi du 7 vendémiaire étaient sans doute une « garantie civique », exigée par le gouvernement, suivant les termes mêmes des considérants de la loi ; mais elles n'étaient pas une « garantie purement civique. » La déclaration, en attribuant la souveraineté en général au peuple, pouvait s'appliquer à l'ordre spirituel aussi bien qu'à l'ordre politique ;

1. *Hist. de la persécution religieuse en Bretagne* par l'abbé Tresvaux, t. 2, p. 199.

2. *Projet de loi sur la police extérieure des cultes* par Genissieu, p. 7.

ainsi l'avaient entendu les législateurs eux-mêmes de la précédente loi du 11 prairial ; c'est pourquoi il ne semble pas que la déclaration ait pu être prêtée par les catholiques sans faire une distinction, pour réserver les droits de la religion catholique, comme le décida le Souverain Pontife relativement à la promesse de fidélité à la constitution de l'an 3.

Quant à la promesse de soumission aux lois, la même réserve en faveur des droits de la religion, semble-t-il, devait être faite, car « plusieurs » de ces lois « étaient manifestement opposées à celles de la morale chrétienne (1). »

« Dans des réunions de prêtres fidèles, qui eurent lieu [en Bretagne], dit l'abbé Tresvaux (2), pour examiner cette nouvelle formule de soumission, il paraît que les avis furent unanimes pour la rejeter, et nous ne nous rappelons pas avoir entendu nommer un seul ecclésiastique non assermenté, qui l'ait souscrit en Bretagne. »

Cependant le gouvernement français, qui voyait avec joie les prêtres catholiques se diviser sur la licéité des diverses formules de serments exigés par lui, aggrava encore la division en faisant publier, avec la légalisation du ministre des Relations Extérieures, un prétendu bref pontifical, daté du 5 juillet 1796. Les *Annales catholiques* (3), rédigées par l'abbé Sicard et par d'autres ecclésiastiques, qui avaient fait le serment de liberté et d'égalité, publièrent avec empressement ce document, en le déclarant, sur la foi du gouvernement français, absolument authentique.

Mais les catholiques, étonnés d'une telle attitude, demandaient de divers côtés des éclaircissements aux *Annales catholiques* (4) : « Le Directoire, écrivait un

---

1. *Hist. de la persécution religieuse en Bretagne*, par l'abbé Tresvaux, t. 2, p. 207.

2. *Ibid.*

3. Tome 2 (n° 21), p. 338. Précédemment la même revue, s'appelant alors les *Annales religieuses, politiques et littéraires*, en avait donné la traduction française dans son n° 19, t. 2, p. 241.

4. Tome 2, p. 386.

abonné de Dunkerque, le 21 sept. 1796, conti-
nuera-t-il à nous transmettre les instructions du Père
commun des fidèles ? J'avoue sincèrement que le
témoignage d'une telle autorité, qui ne cache pas son
mépris pour toute espèce de religion,... ne nous paroit
pas beaucoup fait pour nous inspirer, en matière de
religion, une grande confiance... »

Ce gouvernement hypocrite, en effet, qui le 29 sept.
1796, garantissait publiquement l'authenticité du prétendu bref, proposait dans le même temps à Pie VI la
ratification de cet étrange article : « Sa Sainteté
reconnoit avec le plus vif regret que des ennemis
communs ont abusé de sa confiance et surpris sa
religion, pour expédier, publier et répandre en son
nom, différens actes, dont le principe et l'effet sont
également contraires à ses véritables intentions et
aux droits respectifs des nations. En conséquence
Sa Sainteté désavoue, révoque, annulle toutes bulles,
rescrits, brefs, mandemens apostoliques, lettres circu-
laires ou autres, monitoires, instructions pastorales,
et généralement tout écrit et actes émanés de l'autorité
du Saint-Siège, et de toute autre autorité y ressortis-
sante, qui seraient relatifs aux affaires de France
depuis 1789 jusqu'à ce jour. »

Le 14 septembre 1796, le Souverain Pontife repoussa,
comme elle le méritait, cette indigne proposition, et
fit répondre au Directoire, que sa conscience l'oblige-
rait à soutenir ce refus « au péril même de sa vie (1). »

Les catholiques se méfiaient encore du prétendu
bref à cause de la joie, avec laquelle l'avaient accueilli
les prêtres constitutionnels ; ceux-ci affirmaient « qu'il
légitimait toute leur conduite » ; ils n'avaient fait autre
chose, en effet, en acceptant toutes les lois, que
d'observer ce passage du bref : « *Hortamur itaque vos,
Filii dilectissimi, per Jesum Christum Dominum
nostrum, ut omni studio omnique alacritate ac
contentione imperantibus obsequi studealis* (2). »

1. *Brefs de Pie VI*, t. 2, p. 13 du supplément.

2. « Nous vous exhortons donc, très chers fils, par Notre Seigneur
Jésus-Christ, à vous appliquer à obéir à ceux qui vous commandent,
avec le soin, la promptitude et le zèle, dont vous êtes capables. »

Les *Annales*, qui, en 1800, avaient changé leur nom de *catholiques* en celui de *philosophiques*, ne soutenaient plus alors avec la même assurance l'authenticité de ce bref : « Nous savons à la vérité, disaient-elles, que le Pape, par des raisons sages sans doute et qu'il ne nous appartient pas d'examiner, n'en a pas fait une notification solennelle, et n'a pas jugé à propos de lui donner suite, ce qui fait qu'*il est très permis de le regarder, si l'on veut, comme non avenu.* Mais il n'en est pas moins constant 1° qu'il est sorti des presses de la Chambre apostolique ; 2° qu'il a été remis officiellement au ministre de la république françoise à Rome ; ce qui suffit pour nous mettre à l'abri de toute reproche de précipitation et de légèreté, car nous n'avons jamais prétendu autre chose. »

« La vérité, écrivait en 1821, l'abbé Guillon (1), est que ce bref *Sollicitudo pastoralis* (Rome, 5 juillet 1796), réellement fait dans la chancellerie romaine, à l'insu du Pontife, était le résultat d'une transaction ténébreuse entre le sieur Cacault, chargé d'affaires de la république à Rome, et un vénal employé de cette chancellerie, dont il est inutile de dire le nom. »

L'abbé d'Hesmivy d'Auribeau (2), qui vivait à Rome au milieu de la Cour pontificale, parle aussi de ce « Bref clandestin du 5 juillet 1796, réellement envoyé de Rome, mais à l'insçu du Souverain Pontife, dont on surprit la religion, et fabriqué par une plume plus obscure que son nom, et que l'on a découverte depuis ce pitoyable manège. Ce Bref, ajoute-t-il, où les règles les plus communes de la latinité ne sont pas même observées, par ex. : *scelus quod a potestatibus sæcularibus ulcisceretur,* etc. (3) parvint secrètement entre les mains des ennemis déclarés de toute religion, qui

1. *Les Martyrs de la foi*, t. 1, p. 53.

2. *Extraits de quelques écrits de l'auteur des Mémoires pour servir à l'histoire de la persécution française*, tome 2 (juin 1814), p. 375, note.

3. On relève en effet dans cette pièce « deux barbarismes... savoir *ulcisci* au passif, et *impleamentum* », que les *Annales catholiques* essayèrent de justifier dans plusieurs pages d'observations (t. 2, pp. 411-414).

affectèrent de le faire imprimer et circuler avec profusion dans toute la France et la Suisse, accompagné de la lettre de légalisation du citoyen Charles la Croix, ministre des Relations Extérieures, au grand étonnement des bureaux de la Cour Romaine, qui le désavouèrent, des Nonces de Sa Sainteté, et des Evêques légitimes du royaume, auxquels, selon toutes les règles établies et suivies, il auroit dû nécessairement être adressé pour l'examen et la publication. Sa doctrine insuffisante qu'il énonçoit d'une manière si peu conforme à la dignité du Saint-Siège, dont les démarches et les décisions ne craignent pas la lumière, la voie extraordinaire des papiers publics, qui en donnèrent la première connoissance, ont causé la plus funeste division dans le clergé catholique et les effets les plus déplorables parmi les simples fidèles. »

Le Saint-Siège ne se prononça jamais, ni à cette époque, ni plus tard, en faveur de la soumission aux lois de la République. Et en ces derniers temps, Léon XIII, dans son encyclique du 16 février 1892, a soigneusement marqué la « distinction considérable qu'il y a entre *Pouvoirs constitués* et *Législation* », prescrivant aux catholiques de France, d'être soumis au gouvernement, mais de « réprouver... les points de législation qui sont hostiles à la religion et à Dieu. »

En l'année 1797, la Révolution française, malgré ses « principes éternels », éprouva le besoin de modifier encore la formule par laquelle les ecclésiastiques devaient jurer fidélité à la république ; c'était le cinquième serment depuis 1790. Ils étaient tenus par la loi du 5 fructidor an 5 (5 sept. 1797) « de prêter le serment de haine à la royauté et à l'anarchie, d'attachement et de fidélité à la république et à la constitution de l'an 3. » Pie VI fit répondre, le 24 sept. 1798, à l'évêque de Grasse qui le consultait sur ce serment : « Ab apostolicâ Sede declaratum fuisse, non licere præfatum juramentum emittere (1). » Le 16 janvier suivant (2), le Saint Père, prisonnier à la Chartreuse

---

1. *Recueil des décisions du St-Siège apostolique*, t. 3, p. 360.

2. *Ibid.*, t. 3, p. 371.

de Florence, modifiait profondément la formule de ce serment, qu'il permettait de prêter à Rome dans les termes suivants : « Ego N., juro me nullius aut conjurationis, aud seditionis, aut motûs participem fore, quæ spectarent ad reintegrationem monarchiæ, et subversionem reipublicæ quæ nunc est ; juro insuper execrationem anarchiæ, fidem et obsequium reipublicæ et constitutioni, salvo tamen jure catholicæ religionis. »

Le 28 décembre 1799 (7 nivôse an 8), un arrêté des consuls de la république française remplaça de nouveau la formule du serment par la suivante : « Je promets fidélité à la constitution. » Cette constitution était celle dite de l'an 8. Or le Saint-Siège repoussa cette formule, ainsi que l'attestent des instructions données à Mgr Spina le 13 oct. 1800, relatives à la négociation du concordat (1) : « Questa promessa è stata finalmente dichiarata illecita da Sua Santità, con un solenne e maturo giudizio ; e la maggior parte dei vescovi, e degli ecclesiastici francesi avevano con le private loro opinioni prevenuto questo giudizio... Sua Santità sospende ancora per qualche poco di tempo di manifestare il suo giudizio, in vista appunto del pendente trattato, per dar luogo di proscriverla alla stessa potesta secolare che l'ha promulgata (2). »

1. M. Boulay de la Meurthe, *Documents sur la négociation du concordat*, t. 3, p. 607.

2. « Cette promesse a été finalement déclarée illicite par Sa Sainteté dans un jugement solennel et approfondi ; et la majeure partie des évêques et des ecclésiastiques français avaient déjà par leurs opinions privées prévenu ce jugement... Sa Sainteté attend encore un peu de temps avant de manifester son jugement, en vue précisément des négociations pendantes, pour donner l'occasion au même pouvoir séculier, qui l'a promulguée, de la retirer. »

XVI

INSTRUCTIONS DU DIRECTOIRE AUX AUTORITÉS CONSTITUÉES
(1795-1796)

A). *Instruction aux commissaires nationaux du 9 décembre 1795.*

Cette longue et emphatique instruction débute ainsi :

« Avec du courage et du fer, le peuple français a conquis sa liberté ; avec du courage et du fer, il a, sur les débris du trône, élevé un trophée à l'égalité ; aujourd'hui il veut le bonheur... »

Ensuite l'instruction avertit les patriotes, qui sont « adorateurs de la bonne démocratie, enthousiastes de la liberté, amants jaloux jusqu'au délire de la sainte égalité, » de se défier « des turbulents anarchistes, qui voudront emprunter leur langage. Frappez ceux-ci, charlatans enthousiastes de la liberté, continue-t-elle; les coups qu'ils lui portent sont aussi meurtriers que ceux dont l'assassinent les charlatans fanatiques, qui la frappent au nom de la divinité. »

Après un tableau des maux qui seraient causés par les « fanatiques », vient la phrase fameuse : « *Déjouez leurs perfides projets par une surveillance active, continuelle, infatigable, rompez leurs mesures, entravez leurs mouvements, désolez leur patience, enveloppez-les de votre surveillance, qu'elle les inquiète le jour, qu'elle les trouble la nuit, ne leur donnez pas un moment de relâche, que, sans vous voir, ils vous sentent partout à chaque instant.* »

Un peu plus loin, l'instruction signale les « lois qui exigent une sollicitude particulière,... quoique toutes méritent également toute leur attention. » Ces lois sont celles qui concernent les contributions, les déserteurs, les prêtres, les émigrés. « Faites exécuter les lois sévères, mais nécessaires, qui compriment les corrupteurs, les *mauvais prêtres*. Le mauvais prêtre instruit, accoutumé à publier effrontément ce qu'il ne pense pas, vit de mensonges, d'intrigues et de conspirations ; il est selon l'occasion, souple, fier, insinuant ; audacieux, toujours calme, toujours maître de sa physionomie, de ses mouvements. Les mauvais prêtres sont les ennemis nécessaires, éternels, irréconciliables, les ennemis les plus dangereux de la révolution ; méprisés par les hommes forts, ils dominent les faibles ; ils les conduisent entre le ciel et l'enfer, au but qu'ils se sont proposé, et vers lequel ils se portent avec cette constance opiniâtre, qui n'appartient qu'à la vengeance. Que vos regards n'abandonnent pas un seul instant ces instruments de meurtre, de royalisme et d'anarchie, et *que la loi qui comprime, qui frappe ou qui déporte les réfractaires, reçoive une prompte et entière exécution.* »

(*Moniteur* des 18, 19 et 20 frimaire an 4 (9, 10 et 11 déc. 1795), t. 26, pp. 618, 624, 636).

B). *Instruction adressée par le Directoire exécutif aux Autorités constituées sur l'exécution de l'article X de la loi du 3 brumaire de l'an IV de la République.*

Du 23 nivôse (13 janvier 1796)

La Convention nationale, convaincue que toutes les manœuvres des prêtres réfractaires n'ont pour but que le renversement de la République, a cru que l'intérêt de la Constitution lui commandait de déployer contre eux les mesures les plus actives et les plus rigoureuses. Elle a ordonné en conséquence, par l'article X la loi du 3 brumaire dernier, que les lois de 1792   179 relatives aux prêtres *sujets à la déportation ou à réclusion,* seraient exécutées dans les vingt-quat heures de la promulgation de son décret, et elle soumis à la peine de deux années de détention fonctionnaires publics qui seraient convaincus d'en avoir négligé l'exécution.

Conformément à cette disposition, le Directoire exécutif rappelle à tous les fonctionnaires publics, que l'article Ier de la loi du 20 fructidor n'est plus applicable aux prêtres sujets à la déportation ou à la réclusion, ainsi que voudraient le faire entendre les corrupteurs de l'esprit public. Les seules lois qui doivent être provoquées contre eux, sont celles de 1792 et 1793, et notamment celle des 29 et 30 vendémiaire de l'an II de la République. Le législateur a rejeté tous les ménagemens pusillanimes, qui pouvaient laisser quelque espérance aux déportés ; l'indulgence n'eût fait qu'entretenir la contagion du mal, et il a voulu l'extirper jusqu'à la racine.

Vous observerez cependant que le dernier article de la loi des 29 et 30 vendémiaire ayant été modifié par celle du 22 germinal suivant, à l'égard des recéleurs d'ecclésiastiques sujets à la déportation, c'est la dernière seulement que vous devez consulter dans le cas de complicité.

Le Directoire exécutif a lieu de croire que les magistrats, désormais en garde contre tout prétexte d'incertitude ou d'erreur sur l'application de la loi, mettront à la faire exécuter la fermeté qui convient à des républicains ; mais il croit devoir leur déclarer que, fort de la volonté du législateur, et inébranlable dans ces maximes, il a les yeux constamment ouverts sur la conduite des fonctionnaires publics, et qu'ils lui répondront, devant la loi, de toute espèce de négligence ou de prévarication.

La présente instruction sera insérée dans le Bulletin des lois.

Fait au palais national du Directoire exécutif, le 23 nivôse an IV de la République française.

Pour expédition conforme, *signé* Reubell, *président ;* par le Directoire exécutif, *le secrétaire général,* Lagarde.

(*Bulletin des lois de la République française, an IVe de la République une et indivisible,* n° 20 (des bulletins), n° 122 (des lois), pp. 1-3).

XVII

LETTRE DU MINISTRE DE LA POLICE GÉNÉRALE
AUX ADMINISTRATIONS CENTRALES DES DÉPARTEMENTS
DU 10 FÉVRIER 1796

Ministère de la police générale de la République.

Le ministre de la police générale de la République aux administrations centrales des départements de la République.

Paris, 21 pluviôse, l'an IV de la République une et indivisible.

Je suis informé, citoyens, qu'un grand nombre de départements sont remplis de brigands, qui volent et assassinent, tant sur les routes que dans les communes et les maisons particulières ; je suis également prévenu qu'il existe dans beaucoup de cantons des malveillants, des émigrés, des prêtres réfractaires, des royalistes enfin, qui ne cessent de manœuvrer pour corrompre l'opinion publique, faire naître le désordre et troubler la tranquillité des bons citoyens.

Tous ces scélérats, pour se soustraire à la surveillance et aux poursuites des autorités constituées, passent fréquemment d'un lieu dans un autre, et parviennent par ce moyen à perpétrer leurs crimes, et à en éviter la juste punition.

Il ne suffit pas, citoyens, de sévir contre les auteurs de ces crimes, il faut encore s'efforcer d'en arrêter le cours ; il ne suffit pas non plus que chaque municipalité se borne à poursuivre les coupables qui résident dans son arrondissement, elle doit encore faire connaître aux autres administrations de la République ceux qui lui auraient échappé et se seraient réfugiés sur leur territoire.

C'est dans cette vue, citoyens, que je me suis déterminé à vous charger d'ordonner à chaque municipalité de votre arrondissement d'établir et d'entretenir avec toutes les administrations départementales, une correspondance active, dont l'objet sera de leur dénoncer ceux des brigands, des malfaiteurs et des autres ennemis du bon ordre et de la République, qui leur seraient connus ou dénoncés, et qui se seraient soustraits à l'arrestation et à leur surveillance en sortant de leur arrondissement. Mais je dois vous observer que cette mesure ne peut s'appliquer qu'aux individus condamnés ou prévenus de délits qui nécessitent leur arrestation, une plus grande extension qui porterait sur d'autres désignés vaguement comme suspects ou à surveiller, pourrait devenir dangereuse, en donnant lieu à des actes arbitraires, à des vexations, et en compromettant, contre le vœu de la justice et des lois, la liberté de beaucoup de citoyens.

La mesure que je viens de vous indiquer, me paraît propre à purger la République de tous les brigands qui l'infestent. Votre sollicitude et votre zèle pour le bien public me sont garants que vous l'adopterez avec empressement, et que vous ne négligerez rien pour qu'elle produise les résultats les plus heureux.

Salut et fraternité.

Signé : Merlin.

(*Moniteur* du 26 pluviose an 4 (15 février 1796), t. 27, p. 442.)

XVIII

DÉNONCIATION DE M. ROGUE ET DE PLUSIEURS PRÊTRES FAITE PAR LE COMMISSAIRE NATIONAL DU DÉPARTEMENT DU MORBIHAN A L'ACCUSATEUR PUBLIC DU TRIBUNAL CRIMINEL (14 FÉVRIER 1796)

(Extrait du deuxième registre des Arrêtés pour mesure de sûreté générale, commencé le 26 frimaire l'an 4 et fini le 4 pluviose an 7 (Administration centrale du département) fol. 10 vᵒ et 11 :)

Dénonciation au tribunal criminel de plusieurs prêtres.

Séance du 26 pluviose an 4ᵉ de la République françoise, où étoient les citoyens Danet aîné, président. Le Bouhellec fils, Lefebvre, Laudren et Beaumart, administrateurs.

Le citoyen Faverot, commissaire provisoire du Directoire exécutif, présent.

Vu l'instruction adressée par le Directoire exécutif le 23 nivose aux autorités constituées, sur l'exécution de l'art. dix de la loi du trois brumaire de l'an quatre de la république, et insérée au Bulletin des loix, n° vingt.

Vu les loix des 15 août 1792, 18 mars 1793, 21 et 23 avril 1793, 29 et 30 vendémiaire de l'an deux, desquelles il résulte, que c'est aux tribunaux criminels à appliquer les peines déterminées contre les prêtres réfractaires sujets à la déportation.

Ouï la commission provisoire du Directoire exécutif, dénonce à l'accusateur public du tribunal criminel du département du Morbihan les individus ci-après :

Chauvel, prêtre à Ponscorff, détenu à Vannes.

- [Suivent dix autres noms]

Pierre-René Le Rogue, prêtre à Vannes, détenu à Vannes,

....

Alain Robin........... détenu à Vannes.

....

pour être procédé contre eux conformément aux lois.

[Signé :] Beaumart aîné, Lefebvre, Faverot, Laudren, Le Bouhellec, Chapeau, Danet aîné.

(*Arch. dép. du Morbihan*, L. 88).

XIX

JUGEMENT PRONONCÉ
PAR LE TRIBUNAL CRIMINEL DU MORBIHAN CONTRE M. ROGUE
LE 2 MARS 1796

(Registre d'audience du tribunal criminel du département du Morbihan commencé le 18 nivôse an 4 et fini le 1er germinal même année, fol. 95 à fol. 97 v° :)

Jugement qui condamne à la peine de mort Pierre Rogue, prêtre réfractaire aux lois de la république.

Du dit jour, douze ventose an quatre de la république française une et indivisible. En l'audience du tribunal criminel du département du Morbihan, où présidoit le citoyen Chesnel, et où étoient les citoyens Fabre, Le Menez, Le Blanc, juges du tribunal, et le citoyen Paturel, juge du tribunal civil, nommé en remplacement du citoyen Mancel, faisant fonctions d'accusateur public, sur le déport du citoyen Lucas fils ;

Présent, le citoyen Mancel, faisant fonction d'accusateur public sur le déport du citoyen Lucas fils :

Et le citoyen Tahier substitut du commissaire du pouvoir exécutif ; le citoyen Taslé, greffier du tribunal aussi présent.

L'accusateur public poursuivant sur l'acte d'accusation par lui présentée le onze de ce mois,

contre

le nommé Pierre Rogue, prêtre.

L'accusé ayant été introduit à la barre libre et sans fers, le président l'a averti d'être attentif à l'acte d'accusation, dont il alloit entendre lecture ; elle a été faite à haute et intelligible voix par le greffier ; il a été ensuite procédé à l'interrogatoire du dit accusé. Ayant taille de quatre pieds onze poulces, cheveux et sourcils bruns, yeux bleus, nez et bouche moyenne, barbe rouge, menton fourchu, front large, le sommet de la tête dégarni de cheveux.

Interrogé de ses nom, profession, âge, du lieu de sa naissance et celui de sa demeure :

Répond s'appeler Pierre René Rogue, âgé de trente-sept ans, prêtre de la Congrégation de la Mission, né à Vannes et y demeurant.

Interrogé s'il a prêté le serment de maintenir la constitution, décreté par l'article 39 du décret du 24 juillet 1790, et réglé par les articles 21 et 38 de celui du douze du même mois, et par l'article 2 de la loi du 29 novembre de la même année ?

Répond qu'il n'a pas prêté ce serment.

Interrogé s'il a prêté le serment de maintenir la liberté et l'égalité, conformément aux lois des 15 août et 23 avril 1793 ?

Répond qu'il ne l'a pas prêté.

Interrogé s'il a été déporté, s'il est sorti de France avec ou sans passeport et à quelle époque ?

Répond qu'il n'a pas quitté le territoire français.

Interrogé en quelle commune il s'est retiré ?

Répond qu'il est toujours demeuré à Vannes.

Interrogé où il a été arrêté ?

Répond qu'il a été arrêté à Vannes, dans la rue en passant près le département.

Interrogé quels sont ceux qui l'ont recelé, pendant tout le temps qu'il est demeuré caché à Vannes ?

Répond qu'il n'a rien à répondre.

Interrogé s'il n'a pas continué pendant tout le temps qu'il est demeuré à Vannes, d'exercer les fonctions sacerdotales ?

Répond qu'il a exercé depuis sa déclaration.

Interrogé quelle est cette déclaration, et à quelle époque il l'a faite ?

Répond que cette déclaration a été faite par lui au mois de prairial dernier, devant l'agent du district de Vannes, aux fins de l'arrêté des représentants du peuple Guezno et Guermeur ; qu'elle consistoit à déclarer qu'il étoit demeuré caché sur le territoire français par le refus du serment de maintenir la constitution civile du clergé ; qu'il promettoit de vivre paisible, et de contribuer à l'entretien de la paix et du bon ordre.

Interrogé si conformément à la loi du sept vendémiaire dernier, il a fait devant la municipalité où il a exercé le ministère de prêtre, sa déclaration de reconnaître que « l'universalité des citoyens français est le » souverain, et promis soumission et obéissance aux » loix de la République ? »

Répond n'avoir point fait cette déclaration, et n'avoir point promis soumission et obéissance aux loix de la République.

Interrogé pourquoy il est demeuré caché, et ne s'est pas présenté devant les administrations, conformément à la loi du 29 et 30 vendémiaire an second ?

Répond que c'étoit pour éviter d'être déporté : qu'au surplus il ignoroit l'existence de cette loi.

Interrogé s'il a choisi un défenseur ?

Répond avoir choisi le citoyen Rialland présent à l'audience.

Interrogé s'il est sujet à des infirmités, et quelles sont ces infirmités ?

Répond qu'il a la vue très foible, et une poitrine très délicate.

Interrogé combien il y a de tems qu'il éprouve cette foiblesse des yeux et de la poitrine ?

Répond qu'il y a envion dix ans qu'il a la vue foible, et que dès l'enfance et avant l'âge de douze ans, il avoit essuyé six fluctions de poitrine.

Interrogé si à l'époque de la Révolution et malgré les infirmités qu'il allègue, il n'étoit pas habituellement livré à des études assidues, s'il ne remplissoit pas les fonctions de son état, et s'il n'a pas professé la théologie ?

Répond, qu'un an avant qu'on eut congédié les séminaristes, il professoit encore la théologie, qu'il l'avoit professée pendant cinq ans, que sans être livré à des études très assidues, [qu'] on n'exigeoit pas même de lui, en raison de la délicatesse de sa santé, il remplissoit les différentes fonctions de son état.

Telles sont ses déclarations et réponses, desquelles

lecture [à] lui faite, il a dit qu'elles contiennent vérité, y persister et a signé : P. R. Rogue, ptre.

Le citoyen Rialland, deffenseur de l'accusé a promis de n'employer que la vérité pour sa défense.

L'accusateur public a exposé les moyens au soutien de son accusation, et l'accusé, tant par l'organe de son défenseur que par lui-même, ses moyens de défense. Le substitut du commissaire du pouvoir exécutif a fait sa réquisition pour l'application de la loi ; il a été ensuite donné lecture de l'instruction adressée par le Directoire exécutif aux autorités constituées, sur l'exécution de l'art. 10 de la loi du 3 brumaire de l'an 4 de la République, et de la lettre adressée au commissaire du pouvoir exécutif près les administrations et les tribunaux, le 26 pluviose dernier, par le ministre de la police générale de la République. Le tribunal a ensuite rendu le jugement suivant :

Vu par le tribunal criminel du département du Morbihan l'acte d'accusation dont la teneur suit :

Expose Yves Jean Mancel, commis pour substituer l'accusateur public, qui s'est déporté dans la poursuite de l'affaire du nommé Pierre Le Rogue, *prévenu d'être prêtre réfractaire*, par ordonnance du cinq ventose an quatre de la République française, que l'administration centrale du département du Morbihan, par son arrêté du 26 pluviose dernier, a dénoncé à l'accusateur public du tribunal criminel de ce département, le nommé Pierre le Rogue, prêtre à Vannes, comme prêtre réfractaire, qu'il résulte réellement de l'interrogatoire subi par ledit le Rogue devant nous le jour d'hier, qu'il n'a pas prêté le serment de maintenir la constitution décrété par l'article 9 du décret du 24 juillet 1790, réglé par les articles 21 et 38 de celui du onze du même mois et par l'article 2 de la loi du 29 novembre de la même année ; qu'il n'a pas prêté le serment de maintenir la liberté et l'égalité, conformément à la loi du 15 aoust 1792, à celle des 21 et 28 avril 1793 ; qu'il n'a pas été déporté, et qu'il n'est pas sorti de France ; que depuis le mois de vendémiaire dernier, il a continué à exercer les fonctions sacerdotales, après néanmoins avoir fait sa déclaration en vertu d'arrêté des représentants du peuple Guezno et Guermeur, déclaration par laquelle il prit l'engagement de vivre paisible, et de contribuer à l'entretien de la paix et du bon ordre ; qu'il n'a point conformément à la loi du 7 vendémiaire dernier, fait sa déclaration de reconnoitre que l'universalité des citoyens français est le souverain, et qu'il n'a point promis soumission et obéissance aux loix de la République ; que le dit Le Rogue a au surplus déclaré qu'il a la vue foible.

En conséquence ledit Mancel, en sa dite qualité, considérant que Pierre René le Rogue doit être rangé au nombre des prêtres réfractaires, requiert qu'il lui soit décerné acte de la présente accusation, qu'il porte contre ledit le Rogue, et que ce dernier soit traduit dans le plus bref délai devant le tribunal, pour être jugé conformément aux loix. Fait en la chambre du conseil du tribunal criminel du département du Morbihan, le onze ventose an 4ᵉ républicain. Signé J. Mancel.

Et pour expédition, soit communiqué au commissaire du pouvoir exécutif près le tribunal criminel du département du Morbihan.

La loi autorise. Vannes, onze ventose, 4ᵉ année républicaine. Signé Tahier.

Vu par le tribunal criminel du département du Morbihan, l'acte d'accusation porté ce jour contre le nommé Pierre Le Rogue, par le citoyen Mancel, juge du tribunal faisant fonctions d'accusateur public, sur le déport du citoyen Lucas fils ; vu l'avis en date de ce jour du citoyen Tahier, substitut du commissaire du pouvoir exécutif, portant la loi autorise.

Le tribunal renvoye à demain matin à huit heures précises en l'audience publique l'instruction, examen et jugement de l'accusation portée contre ledit Pierre Le Rogue prévenu.

Fait à la chambre du conseil du tribunal criminel du département du Morbihan, où étoient les citoyens Chesnel, président, Fabre, Le Menez, Le Blanc, juges du tribunal, et Paturel, juge du tribunal civil, appelé en remplacement du citoyen Mancel ; et ont lesdits juges signé ce jour, onze ventose an 4ᵉ républicain. Signé : Chesnel, président, Fabre, Paturel, Le Menez et Le Blanc.

Vu l'interrogatoire subi ce jour devant le tribunal par ledit René Rogue, et le certificat, signé Oillic et Castaignet, officiers de santé, délivré le onze de ce mois audit Rogue.

Le tribunal, après avoir entendu l'interrogatoire de l'accusé, l'accusateur public dans ses moyens d'accusation, le défenseur de l'accusé en ses moyens de défense, et le substitut du Commissaire du pouvoir exécutif dans les conclusions qu'il a prises pour l'application de la loi, déclare à l'unanimité que Pierre René Rogue, prêtre de la ci-devant congrégation de la Mission, est convaincu d'être un prêtre réfractaire aux loix, et comme tel d'avoir été sujet à la déportation, et néanmoins d'être demeuré sur le territoire français, après le délai fixé pour son arrestation, embarquement et déportation.

En conséquence le tribunal, considérant que le certificat en date du 11 de ce mois, signé Oillic et Castaignet, ne constate point l'état d'infirmité et de caducité exigé par l'article onze de la loi du mois de vendémiaire an second ; en conséquence, vu ce qui résulte des articles 10 de la loi du 3 brumaire dernier, et des articles 10, 14 et 15 et cinq de la loi des 29 et 30 du 1ᵉʳ vendémiaire an 2ᵉ de la République, qui portent :

Art. 10 de la loi du 3 brumaire dernier.

Les loix de 1792 et 1793 contre les prêtres sujets à la déportation ou à la réclusion seront exécutées dans les vingt-quatre heures de la promulgation du présent décret, et les fonctionnaires publics qui seront convaincus d'en avoir négligé l'exécution, seront condamnés à deux années de détention ; les arrêtés des comités de la Convention et de représentants du peuple en mission contraires à ces lois sont annulés.

Art. 10 de la loi du 29 et 30 vendémiaire
an 2ᵉ de la République française.

Sont déclarés sujets à la déportation, jugés et punis comme tels, les évêques, les ci-devant archevêques, les curés conservés en fonctions, les vicaires de ces évêques, les supérieurs et directeurs de séminaires, les vicaires des curés, les professeurs de séminaires et de collèges, les instituteurs publics et ceux qui ont prêché dans quelques églises que ce soit, depuis la loi du 5 février 1791, qui n'auront pas prêté le serment prescrit par l'art. 39 du décret du 24 juillet 1790, et réglé par les articles 21 et 28 de celui du 12 du même mois, et par l'art. 2 de la loi du 29 novembre de la même année, ou qui l'ont rétracté, quand bien même ils l'auroient prêté depuis leur rétractation.

Tous les ecclésiastiques séculiers ou réguliers, frères convers et lais, qui n'ont pas satisfait aux décrets du 14 aoust 1792 et 21 avril dernier, ou qui ont rétracté leur serment.

Et enfin tous ceux qui ont été dénoncés pour cause d'incivisme, lorsque la dénonciation aura été jugée valable, conformément à la loi dudit jour 21 avril.

Art. 14.

Les ecclésiastiques mentionnés en l'art. 10, qui cachés en France, n'ont point été embarqués pour la Guyane française, seront tenus dans la décade de la publication du présent décret, de se rendre auprès de l'administration de leurs départements respectifs, qui prendront les mesures nécessaires pour leur arrestation, embarquement et déportation en conformité de l'article douze.

Art. 15.

Ce délai expiré, ceux qui seront trouvés sur le territoire de la République, seront conduits à la maison de justice du tribunal criminel de leur département, pour y être jugés conformément à l'article cinq.

Art. 5.

Ceux de ces ecclésiastiques, qui rentreront, ceux qui sont rentrés sur le territoire de la République, seront envoyés à la maison de justice du tribunal criminel du département, dans l'étendue duquel ils auront été ou seront arrêtés, et après avoir subi interrogatoire dont il sera retenu note, ils seront, dans les vingt-quatre heures, livrés à l'exécuteur des jugements criminels et mis à mort, après que les juges du tribunal auront déclaré que les détenus sont convaincus d'avoir été sujets à la déportation.

Conformément aux dits articles, le tribunal condamne ledit Pierre René Rogue, prêtre réfractaire aux lois, à la peine de mort ; ordonne qu'il sera livré à l'exécuteur des jugements criminels, et qu'à la diligence du commissaire du Directoire exécutif près le tribunal, le présent jugement sera mis à exécution dans les vingt-quatre heures sur la place publique de cette commune, sans aucun sursis, recours ou demande en cassation.

Fait à Vannes, et prononcé par le président à l'accusé en présence du public, le dit jour, douze ventose an quatre de la République française une et indivisible, en la salle publique des audiences du tribunal criminel du département du Morbihan, où présidoit le citoyen Chesnel, et où étoient les citoyens Fabre, Le Menez, Le Blanc et Paturel, juges, qui ont signé :

Chesnel, Le Menez, Leblanc, J.-M. Fabre, Paturel, Taslé, gr[effier].

(*Arch. dép. du Morbihan*, L. 1546).

XX

ACTE DE DÉCÈS DE M. ROGUE

(Extrait du registre des actes de décès de la commune de Vannes pour l'année 1796 :)

Ce jour, quinze ventose l'an quatre de la République française, s'est présenté devant moy Emmanuel Claude Tourmante, officier public de la municipalité de Vannes, le citoyen Tahier, substitut du commissaire du pouvoir exécutif du tribunal criminel du département du Morbihan, lequel m'a requis d'enregistrement du décès du nommé Pierre René Rogue, prêtre insermenté, âgé de trente sept ans, natif et domicilié de cette commune, [qui] est décédé le treize du présent, trois heures du soir. De cette déclaration, j'ai rapporté le présent acte les jour et an que dessus, et ai signé avec le déclarant.

[Signé :] E. C. Tourmante, officier public, Tahier.

(*Arch. comm. de Vannes*, État-civil).

TABLE DES MATIÈRES

AVANT-PROPOS XI
CHAPITRE   I. — Premières années (1758-1776)   1
    »   II. — Le grand séminaire de Vannes (1776-1781)   8
    »   III. — La Retraite des femmes à Vannes (1781-1786) 17
    »   IV. — Saint-Lazare (1786-1787) 22
    »   V. — Le Missionnaire de Saint-Vincent de Paul (1787-1789) 30
    »   VI. — Le schisme de la Révolution (1789-1791). 37
    »   VII. — La spoliation (1791) 58
    »   VIII. — L'expulsion (1792). 68
    »   IX. — Dénonciation (1792) 80
    »   X. — « Le règne de la liberté et de l'égalité » (1792-1794) 91
    »   XI. — La guerre aux prêtres réfractaires (1795). 107
    »   XII. — La prison (1795-1796) 119
    »   XIII. — Le jugement (2 mars 1796) 129
    »   XIV. — Le martyre (3 mars 1796). 138

PIÈCES JUSTIFICATIVES ET NOTES

I. — Acte de naissance de Pierre-René Rogue. . . 153
II. — La chapellenie de la Boistellerie :
    A). — Etat de la chapellenie en 1730. . . . 153
    B). — Bail à ferme du 20 avril 1782 154
III. — Acte de mariage de Claude Rogue et de Françoise Loiseau 156
IV. — Titre clérical de Pierre-René Rogue 157
V. — Certificat de deux médecins de Vannes sur la santé de M. Rogue 158
VI. — Personnel des directeurs du séminaire de Vannes en 1790 159
VII. — La liberté et l'égalité condamnées par Pie VI . 160
VIII. — Correspondance entre la municipalité de Vannes et le directoire du département pour l'expulsion des directeurs du séminaire. 164

IX. — Arrêtés du directoire du département concer-
nant le séminaire de Vannes en 1792 :
A). — du 5 mai 1792 165
B). — du 14 juin 1792 166
X. — Traitement versé par le district de Vannes
M. Rogue en qualité d'ancien directeur du sémi-
naire 167
XI. — L'unanimité des ecclésiastiques de Tours, de
Cambrai, de Nancy, de Paris et de Troyes n'a
pas prêté le serment de liberté et d'égalité . 168
XII. — Comment le serment de liberté et d'égalité fut
généralement interprété, notamment par les
martyrs de la Révolution. 171
XIII. — Sentiments de Pie VI et de M. Emery en 1793
sur le serment de liberté et d'égalité. . . . 178
XIV. — Comment dans la pratique le serment de liberté
et d'égalité fut apprécié à Rome en 1793 . . . 180
XV. — Les lois sur « l'exercice des cultes » et les pro-
messes de soumission aux lois de la République, en 1795. 182
XVI. — Instructions du Directoire aux autorités constituées (1795-1796) :
A). — Instruction aux commissaires nationaux
du 9 décembre 1795. 192
B). — Instruction aux autorités constituées
du 23 nivôse an 4 (13 janvier 1796) 193
XVII. — Lettre du ministre de la police générale aux
administrations centrales, du 10 février 1796. 195
XVIII. — Dénonciation de M. Rogue et de plusieurs autres
prêtres faite par le commissaire national du
département du Morbihan à l'accusateur public du tribunal criminel (14 février 1796) . . 196
XIX. — Jugement prononcé par le tribunal criminel du
Morbihan contre M. Rogue, le 2 mars 1796 . 198
XX. — Acte de décès de M. Rogue 205

GRAVURES

PLAN DE VANNES EN 1785 1
LA RETRAITE DES FEMMES A VANNES AVANT LA RÉVOLUTION. . 17
L'ANCIENNE PAROISSE DE N.-D. DU MENÉ. 33
LA VIEILLE CITÉ DE VANNES 48
LE SÉMINAIRE DE VANNES (1680-1864) 64
ÉCRITURE DE M. ROGUE 81
LES TOURS DE L'ANCIENNE PRISON DE VANNES 128
LE MONUMENT DE M. ROGUE AU CIMETIÈRE DE VANNES 145

IMPRIMÉ PAR DESCLÉE, DE BROUWER ET Cie. LILLE. — 3.923

www.ingramcontent.com/pod-product-compliance
Ingram Content Group UK Ltd.
Pitfield, Milton Keynes, MK11 3LW, UK
UKHW021513090726
13657UKWH00001B/220